Hohenstadt

Iglau

Jägerndorf

Kaaden

Kaplitz

Karlsbad

Komotau

Krummau a.d.Mold.

Heinrich Kuhn

SUDETENLAND

Unvergessene Heimat

Heinrich Kuhn

SUDETENLAND

Unvergessene Heimat

216 Großfotos

Mit 47 Zeichnungen

ADAM KRAFT VERLAG

Titelbild: Prebischtor im Elbsandsteingebirge (Foto: Franz Iser)
Landkarten und Wappen im Vor- und Nachsatz: Ernst R. Döring

CIP-Titelaufnahme der Deutschen Bibliothek

Sudetenland: unvergessene Heimat /
Heinrich Kuhn. – 2. Aufl. –
Würzburg: Kraft, 1991
(Unvergessene Heimat; Bd. 5)
ISBN 3-8083-1090-1
NE: Kuhn, Heinrich [Hrsg.]; GT

2. Auflage 1991 Adam Kraft Verlag, Würzburg
Druck: Heidelberger Reprographie, Eppelheim
Bindung: C. Fikentscher KG Darmstadt
ISBN 3-8083-1090-1

DEUTSCH SEIN HEISST ...

Im Jahre 1938 war die Tschechoslowakei in den Blickpunkt des Weltinteresses gerückt. Ein sudetendeutscher Chor aus dem nordböhmischen Elbtal weilte nach dem »Anschluß« zu Besuch in Sachsen und sang in der dortigen Kirche die Schubert-Messe. Nach dem Gottesdienst sagte ein Gastgeber sichtlich verwundert: »Sie sprechen aber gut Deutsch.« Das geschah kaum 20 Kilometer von der Grenze entfernt, die bislang Altreich und Sudetenland getrennt hatte. Wilhelm Pleyer überlieferte diese Begebenheit mit einem Anflug von Resignation: »Deutsch sein heißt, nichts voneinander wissen!«

Die Heimat der Sudetendeutschen liegt im Herzen Europas, das zeigt uns ein Blick auf die Landkarte. Die Sudetendeutschen sind und bleiben die Nachbarn der Tschechen. Die Vertreibung hat daran nichts geändert. Ja, die Sudetendeutschen sind ohne Nachbarschaft zum tschechischen Volk gar nicht denkbar. Dieses Wissen um den anderen, den slawischen Nachbarn, unterscheidet die Sudetendeutschen von ihren Brüdern und Schwestern im Altreich.

Die Bilderreise durch die Heimat der Sudetendeutschen soll daher auch jene Städte einschließen, die in der wechselvollen gemeinsamen Geschichte der beiden Nachbarn auch für die Sudetendeutschen ein Stück Heimat bedeuten.

NACHBAR UND PARTNER

Die Heimat der Sudetendeutschen gehört zu den ältesten Siedlungsgebieten Europas. Nach den keltischen Bojern, die Böhmen den Namen gaben, dominierten in diesem Raum germanische Stämme wie die Markomannen in Böhmen und die Quaden in Mähren. Die unter dem Druck und teilweise auch unter der Herrschaft der Awaren westwärts ziehenden Slawen siedelten seit dem 6. Jahrhundert hauptsächlich in den

Als Säer wir kamen ...

fruchtbaren Landstrichen Innerböhmens und Mährens. Im Zuge der Ausbildung des fränkischen Großreiches unter Karl dem Großen kamen sie unter dessen politischen Einfluß. Mit diesem Anschluß an den Westen war die Annahme des Christentums durch die slawischen Heiden verbunden und damit ihr Eintritt in die westeuropäische Kulturwelt und christliche Völkerfamilie.

Im Gefolge der Christianisierung und im Wetteifern mit dem Einfluß der Slawenapostel Cyrill und Method behaupteten sich die vornehmlich von der Regensburger, Passauer und Salzburger Diözese eingesetzten und im Lande wirkenden deutschen Geistlichen. Prag erhielt 973 sein Bistum und wurde Mainz unterstellt. Der erste Prager Bischof war ein Deutscher, dem bis zum Ende des 12. Jahrhunderts noch fünf Deutsche folgten, während das 1063 geschaffene Bistum im mährischen Olmütz zwei deutsche Bischöfe hatte. Im 10. und 11. Jahrhundert gründeten und leiteten von den deutschen Mutterklöstern, Konventen und Abteien aus die Benediktiner ihre Tochterklöster; im 12. Jahrhundert folgten ihnen Zisterzienser und Prämonstratenser. Die Geistlichkeit sorgte

Kroninsignien Böhmens unter Karl IV.

für die Verbreitung deutscher Bildung; zu ihren Pflegestätten reiften die Klöster heran, die zudem deutsche Baukunst und Malerei verbreiteten.
Mittelbar über die Umwege staatlicher Formen und politischer Vorgänge gelangten mit den deutschen Siedlern auch wirtschaftliche und verwaltungstechnische Kenntnisse nach Böhmen und Mähren. Die Přemyslidenherzöge strebten nach Verheiratung mit deutschen Prinzessinnen, um mit den politisch bedeutsamen Geschlechtern des Deutschen Reiches in Verbindung zu kommen. Ganze Reihen solcher Fürstinnen sind bekannt; sie brachten an den Prager Hof deutsches Hofgefolge, Geistlichkeit und Dienerschaft mit. Auch deutsche Kriegsleute fanden im Großmährischen Reich, gelegentlich auch in Böhmen, Aufnahme; mit ihnen setzten sich Formen westlichen ritterlichen Lebens in den slawischen Gesellschaften durch. Landesverwaltung, Hofämter, Amtsbezeichnungen und Verwaltungsgrundsätze wurden zunehmend vom deutschen Vorbild beeinflußt. Der wirtschaftliche Einfluß verstärkte sich. Samo, der aus dem westlichen Frankenreich stammende Kaufmann, schuf bereits im frühen Böhmen eine staatliche Organisation. Deutsche Kaufleute errichteten später feste, dauernde Niederlassungen, deren bekannteste, Prag, vermutlich schon auf das 10. Jahrhundert zurückgeht.
Vor diesem Hintergrund ist die Geschichte der Vorfahren der Sudetendeutschen zu sehen. Zu den germanischen Bevölkerungsresten, die in bäuerlichen Verhältnissen lebten, und den bereits als Kulturträger wirkenden Hofleuten, Geistlichen und Kaufleuten, die eine Oberschicht darstellten, gesellte sich eine breitere Bevölkerungsschicht, die vorwiegend die von Urwald umschlossenen Grenzbereiche und die weniger ertragreichen Landstriche ausfüllen sollte, die Gebirge und das Gebirgsvorland, in Nordböhmen auch ebene Landstriche. Diese deutsche Besiedlung Böhmens begann Ende des 12. Jahrhunderts von Westen, Süden und Norden her; im Laufe des 13. und 14. Jahrhunderts folgte die Landnahme eines breiten Streifens rings um Böhmen sowie in Süd- und Nordmähren und unmittelbar anschließend in Schlesien durch deutsche Bauern aus verschiedenen Stämmen. Weil die bisher nicht besiedelten, von den Deutschen urbar gemachten Landstriche vornehmlich im Grenzland lagen, bildete der Siedlungsboden der nachmaligen Sudetendeutschen vom Mittelalter bis zur Vertreibung räumlich kein geschlossenes Ganzes. Das sollte die Geschichte der Sudetendeutschen entscheidend beeinflussen.
Sie sind kein einheitlicher Stamm, sondern die Nachkommen von Baiern, Franken, Obersachsen und des schlesischen Neustammes. Mit Ausnahme der Sprachinseln grenzte ihr Siedlungsraum in den Sudetenländern an den Siedlungsboden der Altstämme. Die von den böhmischen Königen geförderte Besiedlung geschah unter politischen und wirtschaftlichen Gesichtspunkten. Sie erstrebten dadurch eine Stärkung der eigenen Macht, erwarteten dafür von den deutschen Siedlern, sich nicht in die Staatsgeschäfte einzumischen.
Mit dichter werdender Besiedlung stieg der politische Einfluß der Deutschen am Hofe und im Staatsdienst, die, da Böhmen zum Römischen Reich deutscher Nation gehörte, sich wie in

ihrer alten Heimat als Reichsangehörige betrachteten. Einheimische Tschechen wie deutsche Siedler vereinigte der Landespatriotismus, der in Böhmen bereits vor dem 13. Jahrhundert ausgebildet war. Der Begriff »Böhme« im Sinne des böhmischen Landeseinwohners erhielt auch in der Politik Geltung und vermischte deutsche und tschechische politische Interessen vielfach zu untrennbarer Einheit. So wurde der böhmische Landespatriotismus zu einer Kraft, die in der Folgezeit viele Jahrhunderte lang Deutsche und Tschechen beherrschte.

Gaben sich die Deutschen auch mit ihrer Rolle einer politischen Abstinenz zufrieden, so bestanden sie auf einer Sicherung ihres ihnen angeborenen deutschen Rechts, das persönliche, wirtschaftliche und gemeinschaftliche Freiheit einschloß. Die ihnen durch Sobieslaw 1175 gewährten Privilegien verdeutlichen diesen Anspruch. Die Herrscher Böhmens trugen der Entstehungsweise, den Besitzverhältnissen und der nationalen Eigenart der durch die Deutschen erschlossenen böhmischen Randgebiete dadurch Rechnung, indem sie einzelnen Gebieten in Verwaltung und Gerichtswesen eine Sonderstellung gewährten. Mit den Deutschen als Abkömmlingen einer fortgeschrittenen Kulturlandschaft, deren Wirtschafts- und Rechtsformen sich auch in tschechischen Gebieten ausbreiteten, entwickelte sich zwischen Bauern und Adel das Bürgertum als vornehmlich Handel und Gewerbe treibender dritter Stand. Bestimmend für diese Neuformung der gesellschaftlichen Strukturen wurde Prag, in dem sich eine Elite des deutschen Bürgertums zusammenfand.

Diesem wachsenden deutschen Einfluß leisteten insbesondere der niedere tschechische Adel und die Geistlichkeit Widerstand; sie sahen sich in ihrer sozialen Stellung vielfach bedroht. Dennoch entstanden in dieser Zeit der beginnenden nationalen Auseinandersetzung zwischen Tschechen und Deutschen unter dem Landesherrn Karl IV. die großen deutschen Kulturleistungen in Böhmen: Mit dem »Ackermann aus Böhmen« schuf Johannes von Tepl (Saaz) im 14. Jahrhundert eines der schönsten Prosawerke des Mittelalters, 1348 wurde die erste Universität in Prag gegründet, die eine Reichs- und nach Volkszugehörigkeit von Studenten und Professoren eine deutsche Universität war, und am kaiserlichen Hofe unter Johann von Neumarkt stand die Wiege der neuhochdeutschen Schriftsprache.

An dem raschen wirtschaftlichen und kulturellen Aufschwung Böhmens durch die deutsche Besiedlung nahm das tschechische Volk teil. Es weitete und verdichtete seine bäuerlichen Siedlungen; parallel dazu verlief sein Aufstieg ins Bürgertum. Von der Mitte des 14. Jahrhunderts an tauchten in vielen deutschen Städten im Landesinnern tschechische Bürgernamen auf. In Städteneugründungen gewannen die Tschechen die Mehrheit, so in der Prager Neustadt. Dies führte bald zu Spannungen. Nationale Gegensätze waren bereits unter der Herrschaft Karls IV. aufgebrochen, doch er vermochte diese noch auszugleichen. Unter seinem Sohn Wenzel änderte sich das. Es kam zum Universitätsstreit und Auszug der deutschen Professoren und Studenten aus Prag. Die Universität verlor ihren Charakter einer Reichsuniversi-

Holzfäller

tät; sie wurde im Jahre 1409 zur Landesuniversität. Zehn Jahre später beschloß der Prager Landtag, alle Gerichtsverfahren in Böhmen müßten in tschechischer Sprache verhandelt werden.
Mit dem Hussitenaufstand überzogen Krieg und Unheil das Land. Tausende deutscher Bürger kamen ums Leben oder wurden vertrieben, ihr Besitz konfisziert. Seit 1421 wurden die deutschen Städte im Landesinnern erobert. Böhmen war hier ein weitgehend tschechisches Land geworden, auch wenn sich das Deutschtum in den Randgebieten behauptet hat. Als König Sigismund 1436 wieder als König von Böhmen anerkannt worden war, mußte er dafür konfessionelle Zugeständnisse machen und die inzwischen entstandene Verschiebung der nationalen Besitzverhältnisse anerkennen.
Mit dem 16. Jahrhundert begann eine weitere Siedlungsepoche. Neue deutsche Bergstädte entstanden in den Randgebieten wie auch im Innern des Landes. Nach St. Joachimsthal im Erzgebirge wurden die dort seit 1517 geprägten Geldmünzen

Holzrücker

Taler genannt. Eisenhämmer und Glashütten nutzten den Waldreichtum der Randgebirge. Der Weltruf des böhmischen Glases beruht auf der sich damals entwickelnden Glasveredelungskunst. Rings um das Landesinnere entstand eine dichtbevölkerte Gewerbelandschaft mit Leineweber- und Waldarbeiterdörfern, da der bäuerliche Siedlungsboden zumeist karg war und nicht allen Arbeit und Brot gewähren konnte. Auch das Landesinnere erhielt vom 16. Jahrhundert an wieder deutschen Zuzug von Bauern und Bürgern, gefördert durch die Reformation, die in den deutschen Gebieten rasch Einzug fand. Bis 1539 waren in Böhmen zweihundert katholische Pfarreien evangelisch geworden. Ein Streifen im südwestlichen und nordwestlichen Böhmen wurde bis zum Dreißigjährigen Krieg wieder deutsch. Allen Versuchen der tschechischen Landes- und Stadtämter zum Trotz, eine deutsche Zuwanderung nach Innerböhmen aufzuhalten, verstärkte sich der Zuzug Deutscher in die Städte dieses Landesteils.
Die tschechische Geschichtsschreibung sieht die Ursache des nationalen Unglücks im Ausgang der Schlacht am Weißen Berg (1620), nach der eine planmäßige Germanisierung eingesetzt habe. Diese Auffassung hält einer kritischen Geschichtsbetrachtung nicht stand. Am Weißen Berg siegten nicht die Deutschen über die Tschechen, sondern der katholische Landesherr über die evangelischen Stände. Die aufständische Landesregierung in Prag war zu einem Drittel deutsch. Unter den am Altstädter Ring Exekutierten befanden sich Deutsche, und ebenso in großer Zahl unter den enteigneten und des Landes verwiesenen Gutsherren. Die beschlagnahmten Güter kamen häufig an italienische, spanische und französische Adelige. Dennoch wurde Deutsch jetzt wieder eine dem Tschechischen gleichberechtigte Amtssprache. Vor Gericht mußten die Verhandlungen nunmehr in der Sprache der Beklagten geführt werden.
Deutsche Siedler zogen nach dem Ende des Dreißigjährigen Krieges weiterhin ins Land. Bis zum Jahre 1700 hatte der

Execution So zu Prag den 21 Junij ist angestellt und vollzogen worden

Prager Execution 1621

Bannerträger im Iglauer Berghäuerzug

deutsche Siedlungsboden in den Sudetenländern jene Ausmaße erreicht, die er bis 1945 umfaßte. Der im 18. Jahrhundert einsetzende Aufschwung der Industrie, dessen Grundlagen aus der Zeit des Dreißigjährigen Krieges stammen, als Nordböhmen Wallenstein als Waffenschmiede diente, stärkte die Deutschen. Unter Mitwirkung süd- und westdeutscher Zuwanderer entstanden zahlreiche Textilbetriebe. Die Bemühungen Maria Theresias, für das verlorengegangene Schlesien in den verbleibenden Kronländern einen industriellen Ersatz zu schaffen, förderte gleichfalls die deutschen Gebiete. Das Übergewicht der deutschen Industrie in den Sudetenländern schuf bei den Tschechen ein Mißbehagen, das die spätere nationale Auseinandersetzung der beiden Völker entscheidend mitbestimmte. Im Zuge dieser vorindustriellen Revolution wurde das Tschechentum als geschichtsformende Kraft zurückgedrängt. Die böhmische Hofkanzlei wurde aufgelassen, Prag wurde Provinz und Deutsch die Amtssprache, die in den Gymnasien das Latein als Unterrichtssprache ablöste. Das Tschechische blieb Sprache der unteren Volksschichten.

Gegen die deutsche Vorherrschaft entwickelte sich am Ausgang des 18. Jahrhunderts die tschechische Wiedergeburt, mit der sich die nationalen Gegensätze erneut zuspitzten. Sie ist im Zusammenhang mit der Entdeckung des Slawentums durch Johann Gottfried Herder zu sehen. Mit ihr entschwand allmählich der böhmische Landespatriotismus, der lange Zeit das wichtigste Bindeglied zwischen Deutschen und Tschechen gewesen war. Mit František Palacký formte sich diese geistige und kulturelle Bewegung zu einer politischen Kraft, die nicht nur den Sinn der tschechischen Geschichte und die Sendung des Tschechentums beeinflußte, sondern eine Auseinandersetzung mit dem Deutschtum in den Sudetenländern heraufbeschwor.

Diese hatte auch eine soziale Komponente. Hatte die Industrialisierung der Sudetenländer zunächst das deutsche Bürgertum gestärkt, so brachte sie gleichfalls die bisher festen nationalen Grenzen in Bewegung. Da das Sudetendeutsch-

Handwerksmann aus dem böhmischen Erzgebirge

tum viele Kräfte an die Alpenländer abgab und der Geburtenüberschuß die tschechische Bevölkerung zu einer Expansion drängte, wanderten im Laufe des 19. Jahrhunderts zahlreiche tschechische Arbeitskräfte in die industrialisierten sudetendeutschen Gebiete ein. Der Kampf um den nationalen Besitzstand begann. Er erfaßte zumeist die gemischtsprachigen Städte und führte zur Ausbildung nationaler Vereine auf beiden Seiten. Die Deutschen wurden in die Defensive gedrängt.
Gegenüber den expansiven Bestrebungen der tschechischen Vereine (Národní jednota = Nationale Einheit) war die Zielrichtung der deutschen Vereine auf Abwehr angelegt; die Bezeichnung »Schutzverein« verdeutlicht dies. Der Kampf um den nationalen Besitzstand wurde von den Kindergärten bis zu den Hochschulen geführt und erfaßte alle Bereiche von Wissenschaft und Kunst. 1869 wurde das Prager Polytechnikum national geteilt, 1882 eine eigene tschechische Universität in Prag errichtet. Die nationale Auseinandersetzung in den Sudetenländern war keine isolierte Erscheinung. Sie war nur ein Spiegelbild des Anspruchs der nichtdeutschen Völker der Monarchie auf Teilhabe an der Macht und an der Gestaltung des Staatswesens.

Korbmacher bei der Arbeit

Auf der Schnitzelbank

Insbesondere in Böhmen steigerten sich die Auseinandersetzungen. Im Böhmischen Landtag kam es um die Vorlagen zum Sprachengesetz zu heftigem Streit und in Prag wiederholt zu deutschfeindlichen Kundgebungen und Ausschreitungen. Selbst der Gedanke der brüderlichen Verbindung der deutschen und tschechischen Arbeiter im Banne des sozialen Kampfes konnte sich nicht durchsetzen, auch wenn die Sozialdemokratische Partei Österreichs bereits 1899 auf ihrem Brünner Parteitag ein Programm annahm, das eine tragbare Lösung der nationalen Frage verhieß.
Während die nationalen Auseinandersetzungen zwischen Tschechen und Deutschen seit der Hussitenzeit in Böhmen stets politischen Charakter hatten und in Zeiten des Landespatriotismus nur überlagert waren, gab es in Mähren und erst recht in dem überwiegend deutschen Österreichisch Schlesien kaum eine solche Zuspitzung der nationalen Gegensätze. Der Mährische Ausgleich des Jahres 1905, der den jeweiligen nationalen Besitzstand absichern sollte, war Produkt eines historischen Prozesses der Partnerschaft zweier Völker, der ohne emotionale Aufheizung verlief. Freilich schöpfte das

In der Tuchmacherstube

Tschechentum in Mähren seine nationale Kraft aus der ländlichen Bevölkerung, die nicht so leicht nationaler Überheblichkeit erlag wie das Böhmen beherrschende tschechische Kleinbürgertum. In Mähren war der nationale Besitzstand weitaus weniger umstritten als in Böhmen; hier gab es viele große deutsche Sprachgebiete mit einer vielfältigen nationalen Verzahnung.

Die Niederlage der Mittelmächte im Ersten Weltkrieg ließ eine Reihe von Staaten entstehen, die den Anspruch des Nationalstaates erhoben, obwohl sie nur verkleinerte Abbilder des untergegangenen österreichischen Vielvölkerstaates waren. Zu ihnen gehörte die Tschechoslowakei, die 1918 aus einem unblutigen revolutionären Akt hervorgegangen war und deren Anspruch, neben dem »tschecho-slowakischen« Staatsvolk nationale Minderheiten von mehr als einem Drittel der Staatsbewohner einzubeziehen, 1919 auf der Konferenz von St. Germain legitimiert wurde. Mit dreieinhalb Millionen waren die Sudetendeutschen die stärkste dieser Minderheiten; sie hatten sich der Republik Österreich angeschlossen, indem sie das durch den amerikanischen Präsidenten Wilson in seinen 14 Punkten feierlich proklamierte Recht auf Selbstbestimmung in Anspruch nahmen. Die Teilprovinzen Deutsch-Böhmen und Sudetenland sollten wie die anderen Teile des deutschen Sprachgebietes Bestandteile der neuen Republik Deutsch Österreich werden. Die tschechische Staatsgewalt unterdrückte diesen Anspruch. Am 4. März 1919, am Tage der Wahlen für das neue Parlament in Wien, protestierten in zahlreichen Städten des Sudetenlandes die Deutschen in friedlichen Demonstrationen dagegen, daß ihnen das Recht zur Teilnahme an den Wahlen zur deutschösterreichischen Nationalversammlung versagt blieb. In einigen Orten schoß tschechisches Militär in die waffenlose Menge, tötete 56 Teilnehmer, darunter Kinder, und verwundete viele Menschen.

Bei den Friedensverhandlungen in St. Germain hatte Edvard Beneš die Alliierten aufgrund verfälschter Unterlagen schließlich dazu gebracht, das deutsche Siedlungsgebiet der Tschechoslowakei zuzusprechen mit der Zusicherung der tschechoslowakischen Repräsentanten, daß die Deutschen damit dieselben Rechte hätten wie die Tschechen und die deutsche Sprache zur zweiten Landessprache erhoben würde. Allerdings entstand die tschechoslowakische Verfassung ohne Mitwirkung der Deutschen; sie war vielmehr von der verfassunggebenden Nationalversammlung, einer ernannten Körperschaft ohne deutsche Vertreter, angenommen worden. Ein Teil der deutschen Parteien der Tschechoslowakei, darunter die Deutsche Nationalpartei unter Rudolf Lodgman von Auen, 1918/19 unumstrittener Sachwalter der Interessen der Sudetendeutschen, lehnte den neuen aufgezwungenen Staat ab. Diesen »Negativisten« standen andere Parteien des Sudetendeutschtums gegenüber, unter ihnen die Deutsche Sozialdemokratische Arbeiterpartei, die sich von einer aktiven Teilnahme an der Regierungsverantwortung eine Besserung der von allen Sudetendeutschen als unzumutbar angesehenen politischen Lage versprachen. Doch die tschechischen Parteien besaßen im Parlament die Mehrheit, und die Deutschen waren mit ihren nationalen Anliegen stets in der Minderheit. Die Versprechungen, die Beneš in Paris den Alliierten gegeben hatte, wurden im Sinne einer nur die Stimmen der Mehrheit gelten lassenden Demokratie ausgelegt. Als individuelle Staatsbürger hatten die Deutschen die gleichen Rechte wie alle anderen Bürger; ihr nationaler Anspruch als Volksgruppe wurde jedoch verworfen.

So war es kein Wunder, daß sich die Gesamtsituation des Sudetendeutschtums nicht änderte, obwohl die »aktivistischen« Parteien des Sudetendeutschtums, die 1925 in die Prager Regierung eintraten, den tschechischen Parteien einige Zugeständnisse abtrotzen konnten. Zu der nationalen Zurücksetzung gesellte sich Anfang der 30er Jahre noch eine katastrophale Arbeitslosigkeit, von der vorwiegend die vom Export abhängigen sudetendeutschen Industrie- und Gewerbegebiete betroffen waren.

Der Aufstieg einer sudetendeutschen Sammlungsbewegung hatte neben der nationalen Unterdrückung und der wirtschaftlichen Notlage in den deutschen Gebieten noch andere, tiefgreifende Wurzeln. Der Weltkriegsgeneration boten die bisherigen deutschen politischen Parteien keine Gewähr mehr für eine Änderung ihres Schicksals. Das Erlebnis der Jugendbewegung, der gemeinschaftlichen Hilfe und der nationalen Solidarität über alle Parteien und Gruppierungen hinweg hatte die Kriegsgeneration geformt; sie suchte ihre Ideale außerhalb der bestehenden Parteien in den Verbänden und anderen, parteipolitisch nicht festgelegten Gruppierungen durchzusetzen. Ihre Führungskräfte sammelten sich in der Böhmerlandbewegung, im Wandervogel, im Bund der Deutschen, im Deutschen Kulturverband und im Deutschen Turnverband. Eine geistige Elite hatte in Wien bei Othmar Spann dessen staatsphilosophische Lehren und seine Anregungen aufgegriffen. Im Kameradschaftsbund fand sie sich zu einer kleinen, einflußreichen Gruppe zusammen.

Als nach der Selbstauflösung der Deutschen Nationalpartei und dem Verbot der Deutschen Nationalsozialistischen Arbeiterpartei das Sudetendeutschtum in eine politische Krise geriet, entstand die »Sudetendeutsche Heimatfront« als Sammelbewegung unter der Führung Konrad Henleins; sie wollte alle Sudetendeutschen ansprechen. 1935 erhielt die auf behördlichen Druck umbenannte »Sudetendeutsche Partei« ein nie erwartetes Vertrauensvotum durch die deutsche Bevölkerung und wurde zur stimmenstärksten Partei im Parlament. Ihr Programm war keineswegs auf Loslösung vom tschechoslowakischen Staatsverband gerichtet, sondern auf Autonomie und Selbstverwaltung.

Die maßgebenden tschechischen politischen Führer lehnten eine Zusammenarbeit mit dieser Sammlungsbewegung ab und waren nicht bereit, ernsthafte Maßnahmen zur Anerkennung des Sudetendeutschtums als einer das Staatswesen mittragenden Kraft einzuleiten. Die Führung der Partei unter Henlein war lange Zeit bemüht, einen Ausgleich der nationalen Gegensätze innerhalb des tschechoslowakischen Staatsverbandes zu suchen. Nach dem Anschluß Österreichs im März 1938 war jedoch Hitler entschlossen, die Tschechoslo-

Glasschleifer

wakei zu zerschlagen und sich dabei der Sudetendeutschen und ihrer Forderungen als Mittel zu bedienen. Die Unnachgiebigkeit des tschechoslowakischen Staatspräsidenten Edvard Beneš gegenüber berechtigten Anliegen der Sudetendeutschen erleichterte es Hitler, die Sudetenkrise auf die Spitze zu treiben.
Im Münchner Abkommen wurde über das Schicksal der Tschechoslowakei entschieden. Die Tschechen waren dabei ebenso Objekt der Politik der Großmächte wie die Sudetendeutschen, auch wenn diese nun nicht mehr einer Benachteiligung durch eine tschechoslowakische Regierung ausgesetzt waren. Das Votum der Sudetendeutschen für den »Anschluß« des Sudetenlandes war in erster Linie ein Bekenntnis zum deutschen Volk und seiner Gemeinschaft, nicht aber zum Nationalsozialismus. Ja, viele der alten Mitkämpfer Konrad Henleins wurden, wie Sozialdemokraten, Kommunisten, Christlich-Soziale und Nichtkonformisten, ausgeschaltet und verfolgt. Wissenschaftliche Untersuchungen über den sudetendeutschen Widerstand gegen Hitler dokumentieren, daß das Sudetendeutschtum einen unverhältnismäßig größeren Blutzoll im Kampf gegen den Nationalsozialismus leistete als die Bevölkerung im Altreich.

Pflügender Bauer

Das Münchner Abkommen und sein Ergebnis hatte Sudetendeutsche und Tschechen getrennt und jahrhunderte alte Bindungen zerrissen. Die Unterdrückung der Tschechen durch das nationalsozialistische Regime löste begreiflichen Haß gegen das Deutschtum aus. Diese Gleichsetzung von Deutschtum und Nationalsozialismus wurde dabei durch Kräfte in der tschechischen Emigration in London unter Edvard Beneš gesteuert. Ihm gelang es, die Großmächte unter Ausnutzung dieser Gleichsetzungsformel für eine Austreibung der Sudetendeutschen aus ihrer angestammten Heimat zu gewinnen. Im Blutrausch der Schreckenstage des Monats Mai 1945 erlitten etwa 241 000 Sudetendeutsche den Tod.
Die Konferenz von Potsdam im August 1945 sanktionierte die sogenannte »Aussiedlung« der Ostdeutschen. Aus der Tschechoslowakei wurde das Sudetendeutschtum bis auf einen nicht mehr lebensfähigen Rest, der der Assimilierung überantwortet werden sollte, ausgetrieben. Das Werk von mehr als 800 Jahren deutsch-tschechischer Partnerschaft, die auch in der nationalen Auseinandersetzung, oder gerade durch sie, Kulturleistungen von bleibender Bedeutung hervorgebracht hatte, sollte durch die Vertreibung für immer aus dem Bewußtsein des tschechischen Volkes gelöscht werden.
Die Sudetendeutschen haben nach 1945 eine neue Heimat inmitten des deutschen Volkes gefunden. Sie haben sich eingegliedert, ohne dabei ihr Selbstverständnis aufzugeben. Sie wollen durch Bewahrung ihrer Identität und Verpflanzung ihrer kulturellen Tradition in ein gesamtdeutsches Bewußtsein auch ihren geschichtlichen Beitrag dazu leisten, daß nach all dem Schrecklichen, was sich zwischen Tschechen und Deutschen ereignet hat, die Brücke der Versöhnung und der Verständigung mit dem bleibenden Nachbarn jenseits des Böhmerwaldes niemals abgebrochen wird.

UM MÄHRENS HAIN UND FLUREN

Im Herzen Mährens, das einem Rhomboid ähnelt, einem »schiefwinkligen Parallelogramm«, im Westen, Norden und Osten von Gebirgszügen begrenzt, liegt am Ufer der dieses alte Siedlungsland durchströmenden March die Stadt Olmütz. Den Rang, den Brünn seit seiner Erhebung zur Landeshauptstadt im 17. Jahrhundert als wirtschaftlicher und kultureller Schwerpunkt innehatte, nahm vorher Olmütz ein. Anfang des 11. Jahrhunderts erstmals urkundlich erwähnt, wurde es bereits 1055 Fürstensitz. In Olmütz wurde 1306 der letzte regierende König aus dem Geschlecht der Přemysliden, Wenzel III., ermordet und 1469 Matthias Corvinus im Dom der Stadt zum böhmischen König gekrönt.
Als Festung hatte Olmütz bis ins 19. Jahrhundert überragende strategische Bedeutung. Der spätere Feldmarschall Johann Joseph Wenzel Graf Radetzky war 1829–1831 hier Festungskommandant. Der »Radetzky-Marsch« von Johann Strauß Vater gehörte zum unentbehrlichen Repertoire einer jeden Drehorgel. Es gab kaum einen Aufmarsch einer Stadt- oder Militärkapelle, die diesen in der Heimat der Sudetendeutschen so populären Marsch nicht dargeboten hätte. Wer erinnert sich nicht an den Gassenhauer, der dazu gesungen wurde: »Wenn der Hund mit der Wurst über'n Eckstein springt...«
Der reiche Bischofssitz, seit 1777 Erzbistum und geistlicher Mittelpunkt Mährens, wurde westlicher Stützpunkt des Handelsverkehrs der Böhmischen Länder mit dem Osten. An die geistige Tradition der Stadt gemahnt uns die zweitälteste Universität der Sudetenländer, die, im 16. Jahrhundert gegründet, sich von 1827 bis zu ihrer Auflösung im Jahr 1855 Franzensuniversität nannte. Prächtige Baudenkmäler, überwiegend aus gotischer Zeit, prägen noch heute das Stadtbild, das durch Eingemeindung der ländlichen Vororte weit in seine fruchtbare Umgebung ausgreift. Bis zur Vertreibung war das Deutschtum von Olmütz nicht nur auf die Stadt

Auf zur Mahd

beschränkt. Deutsch waren auch einige Dörfer in der Umgebung: die Olmützer Sprachinsel. Eines dieser Dörfer hat den Namen Olmütz auf Speisekarten unvergänglich werden lassen. Denn die berühmten »Olmützer Quargel« werden in Nebotein, 6 km südwestlich von Olmütz hergestellt; sie sind schon seit Mitte des 15. Jahrhunderts belegt. In dem Bericht der Handelskammer Olmütz aus dem Jahre 1872 ist nachzulesen, daß für 2 Millionen Goldgulden Olmützer Quargel exportiert wurden.
Mit der Beckenlandschaft um Olmütz, die sich aus den Niederungen der oberen March ausbreitet, beginnt Mährens Kornkammer, die Hanna. Im Süden weitet sie sich bis zum Marchdurchbruch bei Napajedl; gegen Osten zu, entlang dem Lauf der Betschwa, mündet diese Beckenlandschaft in die Region der Vorbeskiden aus. An der Betschwamündung liegt die hannakische Landstadt Kremsier, im vorigen Jahrhundert (1848/49) für kurze Zeit Sitz des österreichischen Reichstages. Auwiesen und Wälder begleiten den Lauf der

Bei der Getreidemahd

Flüsse, Grasformationen überziehen die lößbedeckten Randhügel. Seit undenklichen Zeiten wurde hier Ackerbau betrieben. Braugerste, Weizen, Zuckerrüben, Gemüse und Obst und eine hochentwickelte Viehzucht schufen die Grundlagen eines Produktenhandels und einer landwirtschaftlichen Industrie, die das Leben der zahlreichen Landstädte prägte.
An der alten Handelsstraße (der späteren »Kaiserstraße« von Olmütz nach Brünn) erstreckt sich das dichtbesiedelte Ackergebiet der Wischauer Sprachinsel, eine alte deutsche Bauernsiedlung, die kleinste in Böhmen und Mähren, in der sich Brauchtum und Tracht unverfälscht bis zur Vertreibung erhalten hatten.
Zwischen der Boskowitzer Furche und den Weiten der Hanna breitet sich das mittelmährische Plateau, unterbrochen von den Längstälern der Schwarza und Zwitta. Weiter südlich verengt sich der Lauf der Zwitta und führt durch ein steilwandiges Engtal. Am Zusammentreffen ihrer Tiefenlinie, die aus dem mittelmährischen Plateau nach Süden heraustritt und mit dem Lauf der Zwitta zusammentrifft, auf einer Flußhalbinsel zwischen Schwarza und Zwitta, liegt die mährische Landeshauptstadt Brünn. Der fruchtbare Lößboden hatte schon der vorgeschichtlichen Bevölkerung gutes Siedlungsland geboten, das in der Folgezeit niemals wieder aufgegeben wurde. Die von dieser Stadt ausgehende deutsche landwirtschaftliche Kolonisierung hatte zahlreiche Dorfgemeinden und damit eine Brücke zum geschlossenen deutschen Siedlungsgebiet im Süden geschaffen. Die größte Siedlung der Brünner Sprachinsel war Mödritz, ein Marktort im fruchtbaren Schwemmland der Schwarza. Seit ältesten Zeiten wurde dort Wein angebaut, der mit der Zeit dem Gemüseanbau wich. Mödritzer Sauerkraut, Obst und Gemüse wurden auf den Märkten Brünns angeboten. Daran erinnert der Krautmarkt in Brünn. Ob die Brünner allerdings die Benennung ihres oberen Marktes von ihrer Leibspeise »Kraut mit Ferkel« – wie in einer 1580 in Frankfurt am Main erschienenen Druckschrift erwähnt – abgeleitet haben, ist nicht verbürgt.
Mehrfach bewährte sich Brünns strategische Bedeutung als Schlüsselstellung zur unteren Thaya und dem Marchgebiet – vergeblich versuchten die Schweden nach einer langen Belagerung, die Stadt im Dreißigjährigen Krieg zu erstürmen. Das deutsche Brünn ist seit dem 18. August 1645 Symbol für die Abwehr der Bedrohung durch die Schweden geworden: Der Widerstand Brünns lenkte sie von den Mauern Wiens ab. Wie sehr die Schweden die Tapferkeit der Verteidiger Brünns beeindruckte, ist in einem Bericht ihres Feldherrn Torstenson nachzulesen: »Gott helfe, daß wir mit ganzen Köpfen aus dem Lande kommen, eilen wir nicht, so sind wir verloren, denn unser Glück des Krieges hat nunmehr sein Ende«.
Im gotischen Rathaus der Stadt mit dem Portal von Anton Pilgram begegnen wir als Wahrzeichen dem »Brünner Drachen« und dem Rad in der Durchfahrt des Rathaushofes. Die wirtschaftliche Entfaltung dieser Stadt ging mit der Erhebung zur mährischen Landeshauptstadt Hand in Hand. Brünn wurde zum ersten Platz der Tuch- und Maschinenindustrie in der gesamten Monarchie. Das kulturelle Leben der Landes-

hauptstadt fand sichtbaren Ausdruck im repräsentativen Bau des Stadthauses. Im alten Redoutentheater am Krautmarkt wirkte Johann Emanuel Schikaneder eine Zeitlang als Theaterdirektor; 1792 wurde hier Mozarts »Entführung aus dem Serail« aufgeführt, es debütierten Charlotte Wolter, Therese Krones; auch Johann Nestroy gehörte 1825/26 zu den Mitgliedern der Bühne. Im Stadttheater, der ersten Bühne Europas mit elektrischer Kohlenstiftbeleuchtung, sangen Leo

Krautmarkt in Brünn

Slezak und Julius Patzak und war Clemens Krauss Opernchef. Der bedeutendste Architekt Österreichs in der Neuzeit, Adolf Loos, ist gebürtiger Brünner, Viktor Kaplan konstruierte hier seine Turbine. Auf dem Friedhof der Stadt ruht in einem Ehrengrab Johann Gregor Mendel.

Südlich von Brünn und im unteren Marchtal ist die Nähe des Pannonischen Tieflandes spürbar. Die aus den Massiven austretenden Flüsse faßt zunächst die Schwarza zusammen und führt sie der Thaya zu, die bei Znaim ihr romantisches Engtal verläßt und in einem großen Bogen die Pollauer Berge umfließt; diese erheben sich mit auffälligem Steilrelief aus der sie umgebenden Ebene und steigen unvermittelt, die Landschaft beherrschend, an. Malerische Felspartien, aus dem Jurakalk gebildet, von Höhlen und kleinen Dolinen durchsetzt, von Burgen gekrönte Gipfel über rebenbedecktem Flußhügelgelände haben auf kleinem Raum ein reizvolles Landschaftsbild geschaffen.

Am Fuß der Pollauer Berge liegt inmitten einer reichen

Sensen muß man dengeln

Weingegend Nikolsburg mit seinem berühmten Schloß. Mit dem Friedensschluß von Nikolsburg endete der unselige deutsche Rivalenkrieg zwischen Preußen und Österreich. Der Olmützer Bischof und Kardinal Franz von Dietrichstein berief 1631 die Piaristen nach Nikolsburg, die ihr ältestes Kolleg in Mähren und dem alten Österreich bei der Kirche zu St. Johannes dem Täufer errichteten. Zahlreiche Persönlichkeiten haben dieses Piaristengymnasium besucht, der Begründer der Alpinistik Friedrich Simony, der Philosoph Rudolf Kassner und die österreichischen Bundespräsidenten Karl Renner und Adolf Schärf.

Der größte Teil Südmährens war schon im 12. Jahrhundert von Oberdeutschen besiedelt worden und erhielt noch im 17. Jahrhundert deutschen Zugang, Bajuwaren aus dem benachbarten Österreich und Menschen aus Franken. Die Industrie hat geringe Bedeutung, oder sie beruht auf landwirtschaftlicher Grundlage sowie auf Tonwaren.

Am Austritt der Thaya aus ihrem Engtal entwickelte sich, schon 1048 als Siedlung im Schutz einer Grenzburg erwähnt, die Stadt Znaim, die sich malerisch am linken Gehänge des Thayaflusses hinabzieht. Das reiche agrarische Vorland führte zur Ausbildung der Konservenindustrie. Znaimer Gurken haben diese Stadt in aller Welt bekannt gemacht. Treffend beschreibt ein Dichterwort Znaim: »Diese Stadt ist selbst ein in Stein ausgeprägtes Stück Landschaft, darin der Duft von Obst und Rebe, Wiese, Flur und Wald, graues Vorzeitschicksal, raunende Sage und der eherne Tritt großer Menschen wie Quellen nunmehr in atmender Stille klingend geworden.« Hier fanden 1335 auf der Burg die Hochzeitsfeierlichkeiten der Fürstin Anna von Luxemburg, der Schwester Kaiser Karls IV., mit Herzog Otto von Österreich statt, starb rund 100 Jahre später Kaiser Sigismund, wirkte Gregor Mendel am Gymnasium und wurde der Bildhauer Hugo Lederer geboren.

Böhmens Grenze nach Mähren hin ist fließend, ein Übergang, durch die sanft ansteigenden Hügel der Böhmisch-

Mährischen Höhe geformt. Hier scheiden sich die Gewässer. Böhmens Wasser fließen in die Elbe. Die »mährischen« streben der Donau zu, nach Österreich. Diese Anhöhe ist mehr als eine Wasserscheide, sie ist eine kulturelle Grenze, wie Mähren selbst, seinem geographischen Charakter nach, ein Durchgangsland zwischen West und Ost, zwischen Nord und Süd ist. Nicht, daß dieser Hügelzug eine Durchdringung und Befruchtung von hüben und drüben verhindert hätte; doch die Mährer sind ein anderer Schlag als die Tschechen (Čechy/Tschechei = Böhmen; Češi/Tschechen = Bewohner Böhmens); wahrscheinlich, weil dieses Durchzugsland im Kommen und Gehen verschiedener volklicher Elemente auch die Charakterzüge der Bevölkerung zu Verträglichkeit und Kompromissen geprägt hatte. Selbst die Wogen der nationalen und chauvinistischen Leidenschaft, die seit dem 19. Jahrhundert das deutsch-tschechische Verhältnis belasteten, sind niemals so hoch und leidenschaftlich aufgelebt wie im benachbarten Böhmen.

Das Neubistritzer Bergland wurde vom österreichischen Waldviertel aus besiedelt. So manche Siedler stammten aus dem bayerischen Rottal. Die im 15. Jahrhundert abgeschlossene Besiedlung betreuten die Klöster Geras und Zwettl. Lange war dieses Gebiet Zankapfel zwischen Österreich und Böhmen und kam erst 1179 mit dem Egerer Schiedsspruch durch Kaiser Friedrich Barbarossa zu Böhmen. Zum mährischen Teil des Neubistritzer Gebiets gehört das Städtchen Zlabings mit seinen Sgraffitos an Bürgerhäusern, die Darstel-

Heuernte

Die Kuh des kleinen Mannes

lungen aus dem Alten Testament, der griechischen Mythologie und ebenso Habsburger und Reichsfürsten zeigen. Zlabings zählt neben Teltsch zu den interessantesten »Denkmalsreservationen«.

IN ADALBERT STIFTERS HEIMAT

Wenn wir uns etwas nach Nordwesten wenden, so stoßen wir auf das Plateau der Böhmisch-Mährischen Höhe mit dem Quellgebiet der mährischen Thaya. Quellbäche, in flachen Wiesenmulden vielfach zu Teichen aufgestaut, bestimmen das Landschaftsbild. Weiter abwärts setzen, oft mit jähem Gefällsknick, steilwandige und bisweilen nahezu unwegsame Täler ein, überragt von Burgen und Ruinen. Bis in das 12. Jahrhundert war der böhmisch-mährische Landrücken fast unbewohntes Waldland, durch das mehrere Handelspfade von Böhmen zu March und Donau führten. Größere Bedeutung gewann der 1100 erwähnte, als Salzstraße benützte Weg von Habern, der, wie die derzeitige Bahnverbindung Prag–Iglau–Brünn, zwischen den Zuflüssen der böhmischen Sazawa und der Igel die Wasserscheide der Böhmisch-Mährischen Höhe überschreitet. Schon vor der Erschließung der böhmischen Silberadern von Kuttenberg hatten sich deutsche Kaufleute in diesem Hügelland niedergelassen. Menschen aus ostfränkischem Stamm waren die Bergleute, die Iglau besie-

Pfeiflemachen

delten, das im 13. Jahrhundert deutsches Stadtrecht erhielt und dessen Blütezeit bis hinein in das 16. Jahrhundert währte. In dieser einst königlichen Bergstadt gemahnen unzählige steinerne Zeugen an eine stolze Vergangenheit. Mit den Meistersingern zu Iglau stand Hans Sachs in enger Verbindung, aus Iglau kam der Reformator der Wiener Nationalbank, der Präsident des Reichsrats, Karl Ferdinand Freiherr von Kübeck, hier verlebte Gustav Mahler seine frühen Kinderjahre, und aus dieser Stadt stammt der Schriftsteller Karl Hans Strobl.

Auf den Niedergang des Bergbaus in Iglau folgte eine ländliche Besiedlung aus bajuwarischem Stamm, die zur Ausbildung einer geschlossenen deutschen Sprachinsel um die Stadt führte. Sie konnte ihr Brauchtum bis zur Vertreibung pflegen und erhalten.

Die gemeinsame Grenze Bayerns und Böhmens war einst nur Grenzmarkierung; nie trennend, verzeichnete sie seit mehr als 1000 Jahren nur ein Kommen und Gehen, herüber und hinüber. Über die Pfade in den Einschnitten des Böhmerwaldes ritten die böhmischen Fürsten 845 nach Regensburg, wo sie die Taufe empfingen. Über den Böhmerwald hinweg zogen Benediktinermönche aus Zwiefalten am Anfang des 12. Jahrhunderts, um das Kloster Kladrau zu gründen, kamen Zisterzienser und Prämonstratenser, um Böhmen friedlich zu christianisieren. Über die Senke bei Furth im Walde fluteten, in umgekehrter Richtung, die Reste des Kreuzzugsheeres, das die Hussitenkrieger 1431 bei Taus geschlagen hatten. Über diese Grenze zogen die Kolonnen der mittelalterlichen Handelsherren, um dem wirtschaftlichen Gedeihen Böhmens zu dienen.

Dieses böhmisch-bayerische Grenzgebirge besteht aus kristallinischem Gesteinsmaterial und verläuft in einem 220 km langen Mittelgebirgszug, der sich allmählich aus den welligen Rumpfflächen des Moldaulandes erhebt und mehrere parallel laufende Waldrücken bildet, die sich zwischen breiten Senken manchmal zu Hochflächen verbreitern. Den höchsten Rücken weist der bayerisch-böhmische Grenzkamm auf, dessen Seitenäste die Hauptgipfel tragen. Durch bizarre Granitfestungen gekennzeichnet sind die Erhebungen des Grenzkammes mit dem Osser, Plöckenstein und dem Dreisesselberg, an dem sich die Grenzen Böhmens, Bayerns und Österreichs berühren.

Wer von diesen Höhen hinab in die Weite blickt, dem öffnen sich bläuliche Meere, die Hochwälder des Böhmerwaldes: Wellenberge und Wellentäler, in denen das Auge zu ertrinken scheint. Tiefe Schluchten enden in einsamen und verträumten Seen, und in den Hochmooren, Filze genannt, flimmert die Landschaft wie in einem Zauber dahin. Die schwarz-braunen Gewässer schleichen förmlich durch die Filze, um in den Längssenken der Durchbruchstäler inmitten des satten Grüns der Wiesen in rascherem Gefälle zu weißen Wellen aufzuschäumen. Es ist die Heimat von Adalbert Stifters Bergwelt, die wach und lebendig wird, wenn man sie nacherlebt – zugleich der in himmlische Musik umgesetzte Klang der Einleitungsakte von Friedrich Smetanas symphonischer Dichtung »Die Moldau«. In dieser grandiosen Landschaft ist der Ursprung der Moldau und der vielen kleinen Gewässer, die in sie einmünden, sich mit ihr vereinen und hinab nach Böhmen strömen.

Die Rodung des Böhmerwaldes im Zusammenhang mit der fortschreitenden Besiedlung erfolgte hauptsächlich vom 12. bis zum 14. Jahrhundert von den bayerischen Stammklöstern aus, zum Teil mit Unterstützung des böhmischen Adels. Grundherren wie die Rosenberge und die Grafen von Bogen waren Förderer dieser Besiedlung. Auf königlichem Boden entwickelten sich die über das ganze Gebiet vom Osser bis nahe Winterberg verstreuten Siedlungen der »künischen« Freibauern, einem wohlhabenden Bauernadel. Durch die Hussitenkriege ist das deutsche Siedlungsland zunächst zurückgedrängt worden; eine erneute Besiedlungswelle setzte nach dem Dreißigjährigen Krieg ein.
Damals entstanden Glashütten, Waldbauerndörfer und Holzhäusersiedlungen; Holzgewerbe, Flößerei und etwas Viehzucht boten Arbeit und Brot. Die hohe Lage und das rauhe, feuchte Klima verwehrten einen intensiven Ackerbau. So blieb das Holz die wichtigste Erwerbsquelle; die ältere jedoch, gegründet auf Quarzsand, Holzkohle und Waldasche, war die Glasbläserei, die im 19. und 20. Jahrhundert zur Glasfabrikation (Hohl-, Tafelglas, geschliffenes Glas) führte. Längst verschwunden ist der Bergbau, mit Ausnahme des Graphitbergbaus, der den Rohstoff für die Budweiser Bleistiftfabrikation lieferte.
Von Österreich aus führt einer der wenigen Übergänge des Böhmerwaldes über den Kerschbaumer Sattel nach Budweis, entlang der alten Salzstraße, auf der im Mittelalter das salzburgische Salz nach Böhmen gelangte. Durch diesen Einschnitt baute Friedrich von Gerstner die erste Pferdeeisenbahn, von deren Trasse heute noch Reste zu sehen sind. Das ehemalige deutsche Städtchen Kaplitz an der Maltsch liegt an dieser »historischen« Trasse, die längst durch eine richtige Eisenbahn ersetzt worden ist.
An der Moldau begegnen wir den Zisterzienserstiften Hohenfurth und Goldenkron, von denen die deutsche Besiedlung des südlichen Böhmerwaldes ausging. In Höritz, dessen Geschicke eng mit dem Zisterzienserstift Hohenfurth verknüpft sind, fanden von 1893 an die ältesten Passionsspiele der Sudetenländer statt. Aus dem südböhmischen Nepomuk stammt der »mitteleuropäische« Brückenheilige Johannes, der am meisten verehrte Heilige des Landes, und in Prachatitz erblickte 1811 Johann Nepomuk Neumann, späterer Bischof von Philadelphia, das Licht der Welt; er wurde 1977 als zweiter Amerikaner heilig gesprochen.
Nicht weit davon, moldauaufwärts, liegt Oberplan, der Geburtsort Adalbert Stifters, der das Naturerlebnis seiner Kindheits- und Jugendjahre in seinem dichterischen Werk verarbeitet hat. Und an der Moldau steht das Schloß der Rosenberge, das den Namen des einst mächtigsten Herrengeschlechtes trägt, Wiege der Linie der Witigonen, das Adalbert Stifter zu seinem historischen Roman »Witiko« angeregt hat. In der St.-Nikolaus-Kirche des Städtchens Rosenberg ist der Befehlshaber des Kaiserlichen Heeres in der Schlacht am Weißen Berg, Graf Karl Bonaventura Longueval Buquoy, bestattet.
An der Bahnlinie von Budweis ins obere Moldaugebiet überragt das wuchtige Schloß der Schwarzenberge die alte deutsche Stadt Krummau. Prachatitz, wie Krummau heute Bezirksstadt, war einst als Zollstätte und Hauptstapelplatz

Gemeindeschmiede in Hummeln bei Budweis

für Salz und andere Handelswaren aus Süddeutschland berühmt, böhmischer Ausgangsort des »Goldenen Steiges« nach Passau. Viele altertümliche Bauten zieren diese stolze Stadt, die man das »Nürnberg des Böhmerwaldes« nannte. Bergreichenstein hatte seine große Zeit in der Vergangenheit, als man den Goldbergbau betrieb. Es liegt auf einer Anhöhe über der Wottawa, die die nördlichen Zuflüsse des Böhmerwaldes sammelt und in die Moldau leitet. Schutthügel charakterisieren diese Landschaft der zahllosen Bächlein, »Seifenhügel« genannt, Zeichen einstigen Goldreichtums.

IM BANNE DES BÄDERDREIECKS

Jenseits der Tauser Senke setzt sich das böhmisch-bayerische Grenzgebirge in nordwestlicher Richtung im Oberpfälzer Wald fort. Auf böhmischer wie auf bayerischer Seite ähnelt sich das Landschaftsbild. Die Bergformen und Konturen im südlichen Teil des Egerlandes sind mit weichem Schwung gezogen; sie unterbricht kein jäher Abfall. Nadelwälder herrschen vor, Moore bedecken die Hochflächen. Die etwas abgeflachten Höhenrücken reichen von 700 bis 850 m; die geringen Höhen lassen die Fichtenwaldformationen mit ihren »Lohen« genannten Hochwaldmooren, die von 500 m an die Föhrenwälder ablösen, bis zu den höchsten Kämmen und Gipfeln reichen.

Der Erntewagen

Im Mittelalter war dies ein wichtiges Durchgangsland für den Handelsverkehr über den Pfraumberger und Tachauer Weg von Böhmen nach Nürnberg. Gegen Osten gehen die Höhenzüge in loser Aufgliederung in die innerböhmische Ebene über und verlieren allmählich an Höhe. In einem weiten Tal, vorbei an der schönen alten Stadt Bischofteinitz, fließt die Radbusa dahin, weiter nördlich die Mies, die in einem tief eingeschnittenen, mäanderartigen Tal ihren Weg nach Osten sucht und die alte Silberbergstadt Mies berührt. Die größeren Orte reihen sich fast alle an der Bahnstrecke Eger – Pilsen und Plan – Taus, an der »goldenen« Handelsstraße von Prag nach Nürnberg aneinander.

In einer typischen Beckenlandschaft begegnen wir dem auf schachbrettartigem Grundriß erbauten Pilsen, einer deutschen Stadtgründung, die Bier und Industrie weltbekannt machten. 1859 rief Ernst Graf Waldstein eine Fabrik ins Leben, die Emil Škoda 1869 erwarb. Sie wurde zur Wiege der Škoda-Werke. Wesentlich älter ist das Brauwesen in Pilsen, wenn es auch erst durch das Pilsener Urquell des Bürgerlichen Brauhauses von 1842 Weltruhm erlangte und den deutschen Städtenamen Pilsen für künftige Generationen bewahrt hat. Im Rathaus der Stadt fand das denkwürdige Bankett Wallensteins mit seinen Generälen statt, auf dem er sich ihrer Ergebenheit durch einen Treueid zu versichern glaubte.

Bildet der Oberpfälzer Wald die südwestliche, sanft abfallende Abschirmung des Egerer Beckens, so stellt das Fichtelgebirge, das die bayerisch-böhmische Grenze nur streift, die Nordwestabdachung dieser Beckenlandschaft dar, die nach der Kaiserpfalz »Egerland« heißt. Gegen Südosten hin umrahmt der Kaiserwald dieses Becken, das sich bei Plan und Marienbad gegen die Randsenke des Böhmerwaldes hin öffnet. Seine verhältnismäßig hohe Lage bedingt ein rauhes Klima mit zahlreichen Niederschlägen, das den bäuerlichen Charakter bestimmt hat. Die stattlichen fränkischen Gehöfte eines wohlhabenden und der Scholle verbundenen deutschen Bauernstandes geben diesen Siedlungen ihr unverkennbares Gepräge. Die Ansiedlung aus fränkischem Stamm seit dem 12. Jahrhundert fußt auf den Pionierleistungen des Klosters von Waldsassen.

Eger selbst wurde unter Kaiser Friedrich Barbarossa freie Reichsstadt mit eigenem Territorium. Seine historische Bedeutung gründet es auf seine günstige Verkehrslage in der Beherrschung der nordwestlichen Ausgänge Böhmens; uralte Völkerwege führten aus dem Main- und Naabgebiet über das Fichtelgebirge in das Egerer Becken. Die alte Kaiserburg mit dem aus Lavaquadern erbauten Schwarzen Turm, die romanisch-gotische Doppelkapelle, das Pachelbelsche Haus am Stadtplatz, in dem 1634 Wallenstein getötet wurde – unzählige steinerne Zeugen erinnern den Besucher an die große Vergangenheit. In dem Haus am Stadtplatz Nr. 2 befaßte sich 1791 Friedrich Schiller mit Studien zu seinem »Wallenstein«. Mehrfach weilte auch Goethe in Eger; ihn verband eine jahrelange Freundschaft mit dem Bürgermeister und Polizeikommissär Johann Sebastian Grüner. 1895 widmete Kaiser Franz Joseph I. der Stadt Eger die gesamten Burganlagen mit der Auflage, sie gut »instandzuhalten und gegen jedwede Zweckentfremdung zu verwahren«.

Auf der Hochfläche nördlich von Eger liegt eines der berühmtesten Bäder Böhmens: Franzensbad. Seine alkalisch-salinischen Glaubersalze, Lithium- und Stahlquellen und sein kostbares Mineralmoor haben es zu einem Weltbad von vielseitiger Heilwirkung werden lassen. Auch mit Franzensbad ist der Name Goethes verbunden, weilte er doch mehrmals in diesem Kurort. Unweit davon finden wir in dem 500 m hohen Kammerbühl, auch Kammerberg, den jüngsten

Flegeldreschen auf der Tenne

Vulkan Böhmens, der möglicherweise noch in historischer Zeit tätig gewesen ist. Goethe hatte ihm bei seinen Aufenthalten 1808, 1820 und 1822 eingehende Aufmerksamkeit gewidmet und einen Aufsatz »Der Kammerberg bey Eger« verfaßt. Ein niedrigeres und kürzeres Gegenstück zur Nordwestbegrenzung Böhmens, dem Erzgebirge, ist der Kaiserwald, eine aus Urgestein aufgebaute Hochfläche am südlichen Ende dieses langgestreckten Mittelgebirgszuges, der zusammen mit dem Tepler Hochland zu einem gegen Norden zu ansteigenden Plateau anwächst. Eintöniges Hochland wechselt mit tief eingeschnittenen, schluchtartigen Tälern. Besiedelt wurde dieses Gebiet vom Westen her durch das 1197 gegründete Stift Tepl, im Osten vorwiegend vom Kloster Ossegg aus. Hier herrschte zunächst der Bergbau vor, zumal die Zinngewinnung, die heute in Schlaggenwald der Uranabbau abgelöst hat.

An dem Abfall des Kaiserwaldes liegt Marienbad. Seine kalten Mineralquellen haben den Ruhm dieses Heilbades begründet. Viermal weilte Goethe in Marienbad, das 1805 der Abt des nahen Klosters Tepl, Karl Reitenberger, und der Arzt Nehr als Heilbad ins Leben gerufen hatten. In der Kurliste finden wir die geistige europäische Prominenz des

Beim Drachensteigen

19. Jahrhunderts. Richard Wagner versuchte ursprünglich, hier seine Idee des (Bayreuther) Festspielhauses zu verwirklichen; Friedrich Hebbel, Henrik Ibsen, Mark Twain, Franz Kafka und Maxim Gorkij weilten als Kurgäste in dieser Perle unter den Bädern des Egerlandes. Von Marienbad aus hat Goethe das Prämonstratenserkloster Tepl mit seiner romantischen Abteikirche Maria Verkündigung aufgesucht, in deren wertvoller Stiftsbibliothek zahlreiche Zeugnisse seiner Verbindung zu Mitgliedern des Stiftskollegiums aufbewahrt sind.

Entscheidend für die wirtschaftliche Entwicklung dieses Gebietes erwies sich die Nähe der Weltbäder, die einer weiten Umgebung den Absatz ihrer landwirtschaftlichen Produkte sicherten. Seit 1379 entwickelte sich Karlsbad mit seinen heißen Quellen, dem berühmten alkalisch-salinischen Sprudel und weiteren Thermalquellen, zum Weltkurort. Zwölfmal hielt sich Goethe zur Kur auf, von Karlsbad aus trat er 1786 seine italienische Reise an. Insgesamt verbrachte er in Böhmen eine längere Zeit als auf seiner Reise nach Italien. Es dürfte wenige Namen unter den Großen des Kultur- und Geisteslebens im 19. Jahrhundert geben, die nicht Karlsbads Gäste waren. Mit der politischen Geschichte ist dieses Bad eng verknüpft. 1819 fand die von Metternich einberufene Ministerkonferenz statt, welche mit den »Karlsbader Beschlüssen« die Restauration einleitete. Aus dem in der Nähe abgebauten Kaolin wurde »Karlsbader Porzellan« gebrannt. Auf einem Umlaufberg des Egerdurchbruchs liegt Elbogen, ein malerisches Städtchen; Goethe nannte es ein »landschaftliches Kunstwerk«, und Carl Spitzweg hat es auf seiner Reise nach Prag 1849 mit bewundernden Worten in seinem Tagebuch vermerkt. Unweit davon erblicken wir in einem romantischen Tal den Hans-Heiling-Felsen. Nur wenige Steingebilde in aller Welt sind von einem so dichten Kranz von Sagen, Märchen und Balladen umwoben wie diese Felsengruppe. Goethe, Theodor Körner, dessen Volkssage »Hans-Heiling-Felsen« den Brüdern Grimm als Vorlage gedient hatte, haben dem Felsen ihr Interesse zugewandt. Im Jahre 1831 komponierte Heinrich Marschner die Hans-Heiling-Oper, durch die die Felsengruppe in die Musikliteratur eingegangen ist.

Völlig anders geartete wirtschaftliche Bindungen als das böhmische Bäderdreieck hat der Ascher Zipfel, nördlichster Teil des Egerer Beckens, der sich bis auf die Anhöhe des Elstergebirges hinaufschiebt. Bei dem rauhen Klima und dem kristallinischen Boden ist Ackerbau kaum möglich; so hat sich die Woll- und Baumwollverarbeitung entwickelt, die das zu den dichtestbesiedelten Landschaften Böhmens zählende Gebiet mit dem Hauptort Asch in ein lebhaftes Industriezentrum verwandelte. Landschaftscharakter und Wirtschafts-

Winterliche Freuden

struktur ähneln der des benachbarten Vogtlandes. Asch ist ebenfalls mit dem Namen Goethe verbunden, der wiederholt im »Posthof« übernachtete; Friedrich Nietzsche nahm 1863 an der Fahnenweihe beim Turnfest teil. Seiner Base, Tochter des Ascher Bürgerschuldirektors Georg Stöss, schrieb er damals Verse in ihr Stammbuch (»Heimweh«), die sich in der Sammlung »Gedichte und Sprüche« finden.

WO DIE WÄLDER HEIMLICH RAUSCHEN

Zwischen Erzgebirge und Kaiserwald erstreckt sich die erzgebirgische Senke bis zur Einmündung der Eger in die Elbe und bildet mehrere Becken und zahlreiche, auf frühere vulkanische Tätigkeit hinweisende Gebirgsformationen. In altslawischer Zeit erhielt das Falkenauer Becken östlich von Eger, das allseits Waldgebirge umschließen, nur spärliche Besiedlung. Als ursprünglich reines Agrargebiet verlor es diesen Charakter durch die Ausbeutung der Braunkohle, die sowohl im Tief- wie im Tagbau gefördert wird. Auf reichen Kaolinlagern beruht eine hochentwickelte Porzellan- und eine Tonwarenindustrie, deren Hauptort Falkenau ist.

Ausmisten

Sein letzter Gang

Das Tal der Eger bestimmt das Bild dieser lieblichen und fruchtbaren Landschaft, die uns an Burgen und Ruinen vorbei in das Duppauer Gebirge mit seinen steil abfallenden Tafelbergen und tiefen Schluchten führt. Ein erloschener Vulkan ist der mächtige Kegel des Duppauer Gebirges (645 m). Nur in dem engen Tal, das die Eger beim Durchbruch durch das Gebirge formte, konnten Industrieorte wie Schlackenwerth und Klösterle entstehen. Weltberühmt wurde Gießhübl mit seinem »Sauerbrunn«, das sein Tafelwasser exportierte.

In östlicher Richtung weitet sich das Duppauer Gebirge in das Saazer Becken, einen waldarmen Streifen zwischen den Waldgebieten des Erzgebirges und des Böhmischen Mittelgebirges, der klimatisch begünstigt ist. Tertiäre Tone und Lößlehm haben dieses Gebiet einer frühen Besiedlung erschlossen. Mitte des 12. Jahrhunderts begann die deutsche Besiedlung, gefördert von Klöstern und den Adelsgeschlechtern, die sich hier ihre Burgen erbauten. Es ist einer der fruchtbarsten Landstriche Mitteleuropas, ein einziger großer Garten mit ausgedehnten Hopfenkulturen auf der roten Erde, durchsetzt von stattlichen Dörfern, die von dem Wohlstand der Bevölkerung Zeugnis ablegten. Unweit von Saaz, in Schüttwa, ist der Stadtschreiber und Notar zu Saaz, Johannes von Tepl, geboren, Verfasser des wichtigsten Wer-

Hausschlachtung

kes in deutscher Sprache aus der Zeit des Frühhumanismus, welches dem Lebensgefühl der Renaissance entsprang: »Der Ackermann aus Böhmen«.

Ohne scharf erkennbaren Übergang steigt aus dem Elstergebirge der Kamm des Erzgebirges auf und bildet auf einer Strecke von nahezu 130 km die nordwestliche Grenze Böhmens. Wie die Nordabdachung gegen Sachsen zu aus einzelnen treppenartig gegliederten Stufen besteht, so fällt die Südabdachung auf der böhmischen Seite steiler ab. Die Rumpfflächenformen dieses Gebirgszuges schaffen die weithin tischebenen Kammregionen mit ihren seichten Talmulden und ausgedehnten Hochmooren, zumal auf der böhmischen Seite. Bis zu den größten Höhen (Keilberg, 1244 m) herrschen Fichtenwälder vor; noch bis zu 1200 m erreicht hier die Fichte volle Baumhöhe.

Der Nadelwaldbestand ist heute allerdings durch die Umweltbelastungen der Braunkohlekraftwerke diesseits und jenseits des Erzgebirges stark gelichtet. Abgeholzte Hänge und sterbende Wälder haben die Landschaft verändert. Den steileren Südabfall lockern enge, steilwandige Waldtäler auf, deren Gewässer dem Flußlauf der Eger zustreben. Die freie Lage gegen Norden und die Höhenlage bringen der Kammregion ein hartes Klima. Die Schneedecke bildet sich zumeist schon Mitte Oktober und liegt oft bis Ende Mai. Der Sommer kommt spät und bleibt kühl. Nur in den geschützten Tälern der Südseite herrscht milderes Klima und gedeiht Obstbau. Nennenswerte Übergänge kennt das Erzgebirge nicht. Nur der Sorbensteig oder Kulmer Weg, der das Erzgebirge im Paß von Kulm oder Nollendorf überschreitet, wurde seit der Römerzeit als ständiger Übergang benützt und diente im Mittelalter dem Salzhandel wie als Heerstraße für die Einfälle nach Böhmen. Die Besiedlung erfolgte schon vor 1200 als Ackerbaukolonisierung von sächsischer Seite her, später im Zuge des beginnenden Bergbaus durch Bergleute aus Thüringen, Ostfranken und der sächsischen Harzgegend. Zinn, Silber, Nickel und Kobalt waren die Erze, die seit der Mitte des 12. Jahrhunderts abgebaut wurden. 1153 bereits wird Graupen als Stätte der Zinnverhüttung genannt. Anläßlich seines Besuches bemerkte Goethe 1813: »Die Zinngraupen, von denen das Örtchen seinen Namen hat, sind die schönsten der Welt.« Graslitz, Neudek und Schlackenwerth – auch sie verdanken den einst reichen Erzlagern des Gebirges ihre Entstehung. Sie wurden vom Süden her besiedelt; bereits vor dem Ende des 12. Jahrhunderts leiteten die Klöster Ossegg und Tepl die deutsche Kolonisierung ein. Die zahlreichen Ortsnamen auf -grün und -reuth lassen auf eine Besiedlung aus »wilder Wurzel« schließen.

In den Hussitenkriegen wurde das Deutschtum im Erzgebirge stark zurückgedrängt. Reiche Silberfunde gegen Ende des 15. Jahrhunderts lockten erneut deutsche Siedler an. In diese Zeit fällt die Gründung der meisten höher gelegenen Bergstädte wie der 1516 entstandenen Bergstadt St. Joachimsthal, die innerhalb kurzer Zeit zur ersten Silberstadt Mitteleuropas aufstieg. Viele der alten Bergstädte wie Platten, Weipert

und Zinnwald verdanken ihre Entstehung dem schier unerschöpflichen Erzreichtum und verhalfen der Landschaft schon damals zu einer Bevölkerungsdichte, die sie bis in unsere Tage nie wieder erreicht hat.
Diese blühende Landschaft zeichnete im 17. Jahrhundert der Verfall; Raubbau, Krieg und Gegenreformation führten zur Krise. Der Bergbau trat mehr und mehr zurück. Ihm folgte die Hausindustrie, die sich bis in die Mitte unseres Jahrhunderts gehalten hatte. Von der Handfertigkeit der Stricker, Wirker und Handschuhmacher geben uns die Orte Graslitz und Neudek Zeugnis. Doch der Bergbau erlosch nicht völlig. Waren die Lager der begehrtesten Erze wie Silber und Kupfer auch weitgehend erschöpft, so brachte das aufkommende Zeitalter der Technik lohnenden Abbau: das Uranerz. Neue Zentren des Bergbaus entwickelten sich im Gebiet von St. Joachimsthal, das als Radiumheilbad Ruhm erlangte. Landwirtschaftlich war die Erzgebirgslandschaft immer ein karges Gebiet, der Ertrag reichte zur Ernährung nicht aus. Auf den Holzreichtum gründeten sich die Spielwaren- und Instrumentenerzeugung; diese hatte in Graslitz ihren Hauptsitz.
Im Vorland des Erzgebirges war auf der Grundlage eines der reichsten Braunkohlengebiete Mitteleuropas seit der Mitte des 19. Jahrhunderts eine mannigfaltige Industrie entstanden. Wegen der Kohle siedelten sich zahlreiche Betriebe an und bildeten Mittelpunkte der Textil-, Eisenwaren- und Maschinenindustrie. Der Aufschwung dieses Kohlenreviers hat Wirtschaft und Bevölkerung geprägt und die Landschaft völlig verändert. Erst in jüngster Zeit mußte die Stadt Brüx der Kohle weichen, die unter ihr lagerte, um einem ausgedehnten Tagebau Platz zu machen.
Als wichtigste Industriestadt an der Abdachung des Erzgebirges bildete sich die Anfang des 12. Jahrhunderts gegründete Stadt Komotau aus. Sie befand sich von 1252 bis 1416 im Besitz des Deutschen Ritterordens. Hier besuchte der junge Christoph Willibald Gluck sechs Jahre lang das Komotauer Gymnasium; sein Vater Alexander diente seit 1724 als Forstmeister dem Fürsten Lobkowitz auf dem nahen Schloß Eisenberg. 1756 erblickte der Begründer der Prager Polytechnischen Hochschule, Franz Josef Ritter von Gerstner, in Komotau das Licht der Welt.
Unweit von Komotau liegt Schloß Rothenhaus, eines der schönsten im Erzgebirge. Hier lebte Heinrich Friedrich Carl Reichsfreiherr vom und zum Stein, die Seele des deutschen Widerstandes gegen Napoleon, vorübergehend als Emigrant. Letzte Besitzer des Schlosses waren die Hohenlohe-Langenburg. 1938 führte hier Lord Runciman als Vermittler in der Sudetenkrise Verhandlungen mit sudetendeutschen Politikern. Auf der Burg Hassenstein in der Nähe Komotaus wirkte der große Humanist Bohuslaus Lobkowitz von Hassenstein um die Wende des 16. Jahrhunderts.
Am südlichen Rand des Beckens begegnen wir in Blickweite des Böhmischen Mittelgebirges dem Badeort Bilin mit seinen bekannten Mineralquellen am Fuße des Borschen. Der imposante Basaltkegel hatte das Interesse Alexanders von Humboldt gefunden. Am Fuße des Erzgebirges liegt die Klosterstadt Ossegg an einer markanten Stelle der Landschaft.

Im Vorhaus

Wiederholt hat Goethe das Stift aufgesucht; eine Freundschaft verband ihn mit dem am Komotauer Gymnasium wirkenden Pater Anton Franz Dietrich, der später in Prag als Professor lehrte.
Der Badeort des Beckens ist Teplitz-Schönau; die heißen Quellen in dieser Landschaft waren schon Kelten und Römern bekannt. Bereits 1680 wurde in »Töplitz« eine Kurliste, das erste Verzeichnis von Badegästen in Böhmen, herausgegeben. Seine Blütezeit hatte der Badeort am Anfang des 19. Jahrhunderts. 1812 promenierten im Schloßgarten Beethoven und Goethe und trafen mit Mitgliedern des österreichischen Kaiserhauses und des Hochadels zusammen. Das von Graf Franz Wenzel Clary-Aldringen 1751 im Schloßpark erbaute Familientheater war Schauplatz einer Goethe-Uraufführung.

PRAG – HERZ EUROPAS

Nach der Einmündung von Sazawa und Beraun, die aus dem Nordrand des Pilsener Beckens in die Moldau strömen, öffnet sich das Moldautal und bildet den für das Stadtbild von Prag so bezeichnenden, nach Westen offenen Bogen, der sich nordwärts wieder verengt, um endgültig dem offenen Land zuzustreben. Für die Entwicklung Prags war seine ausgezeichnete Verkehrslage entscheidend. Die zwischen Inseln sich verzweigende Moldau bot an einem alten Brückenübergang Stützpunkte und Möglichkeiten zum Wasserstau und Mühlenbetrieb. Das frühmittelalterliche Prag entstand aus mehreren kleinen, zusammenhängenden agrarischen Siedlungen im Schutz von Burgplätzen, die schon in vorgeschichtlicher Zeit bekannt waren. Ihr folgte der Vyšehrad auf steil abfallender Terrasse am rechten Moldauufer. Der jüngste dieser Burgplätze, der Hradschin schräg gegenüber dem Vyšehrad, an der Wendung der Moldau nach Osten, war die eigentliche Přemyslidenburg, seit dem 13. Jahrhundert Sitz der geistlichen und weltlichen Gewalt, überragt vom Veitsdom und der langen Front der späteren Kaiserburg, dem Wahrzeichen des »goldenen hunderttürmigen Prag«.
Deutsche Kulturleistungen haben das Antlitz dieser Stadt geprägt. Die Kleinseite mit dem sie beherrschenden Hradschin, der Burg oder wie dieser Stadtteil amtlich einst als die »Königliche Kleinere Stadt Prag« bezeichnet wurde, war 1257 gegründet und mit Magdeburger Stadtrecht ausgestattet worden. Die Altstadt am rechten Moldauufer besaß dagegen Nürnberger Stadtrecht. Josefstadt hieß die ehemalige Judenstadt. Das geistige und kulturelle Leben Prags war von dem Dreiklang des Tschechischen, Deutschen und Jüdischen geprägt. Das Judentum spielte im wirtschaftlichen, gesellschaftlichen, vor allem aber im literarischen Leben Prags eine überragende Rolle. Es bediente sich zumeist der deutschen Sprache. Wer muß nicht an Kafka oder Werfel denken, wenn vom literarischen Prag die Rede ist?
Mit der deutschen und europäischen Geschichte ist Prag untrennbar verbunden. Die Přemyslidenkönige bekleideten einen stolzen Rang im Kreise der deutschen Fürsten des Frühmittelalters. Unter den Luxemburgern, zumal unter der europäischen Herrscherpersönlichkeit Kaiser Karls IV.,

Eigener Herd ist Goldes wert

wurde Prag Mittelpunkt des Reiches, den es mit den Hussitenkriegen zunächst wieder verlor. In Prag wurde 1348 unter dem Patronat Karls IV. die älteste Universität des Deutschen Reiches gegründet. Im Kanzler des Kaisers, Johann von Neumarkt, begegnen wir einem der frühen Wegweiser des Humanismus. Tief eingeprägt haben sich die steinernen Zeugen dieser karolinischen Epoche im Stadtbild und weisen das Prag des 14. Jahrhunderts als eine in geistiger, künstlerischer und wirtschaftlicher Hinsicht deutsche Stadt europäischen Ranges aus. Selbst die Königssaaler Chronik aus dem Jahr 1334 weiß zu berichten: »Dermal ist in fast allen Städten des Königreiches und am Hofe der Gebrauch der deutschen Sprache üblicher als der der böhmischen.« Wirtschaftlich war Prag einer der ersten Märkte Europas. Auf dem Teynhof waren Kaufleute deutschen und slawischen Geblütes, daneben Romanen, Juden und Orientalen vertreten.

Diese dominierende europäische Bedeutung hatte Prag seitdem nie wieder ganz erlangt. Wer würde sich nicht daran erinnern, daß auch die Habsburger als Herrscher des Reiches auf dem Hradschin residierten, daß unter Kaiser Rudolf II. Prag, welches an die 50.000 Einwohner zählte, wieder zu einem Brennpunkt Europas geworden war? Der Kaiser zog italienische, deutsche und niederländische Künstler an seinen Hof, Berühmte ihrer Zeit schufen unter dem Patronat dieses kaiserlichen Kunstmäzens ihre Werke. An diese Zeit der Suche nach dem Stein der Weisen erinnert das Alchimistengäßchen innerhalb des Burgwalls. Rudolf II. beschäftigte nicht nur seine »Goldmacher«, auch die Astronomen Johannes Kepler und Tycho de Brahe standen in seiner Gunst und sollten sein Schicksal aus den Sternen deuten.

In Prag begann mit dem »Böhmischen Aufstand« 1618 und dem Prager Fenstersturz der Konflikt, der zum Dreißigjährigen Krieg führte. Die Kaiserlichen siegten in der Schlacht am Weißen Berg über die böhmischen Stände und ihren Protektor, den »Winterkönig« Friedrich von der Pfalz. Auf dem Altstädter Ring wurden tschechische und deutsche Adelige

Egerländer Musikanten

enthauptet. Ihre Besitzungen wurden konfisziert. Weite Besitzungen im Lande kamen an neue Herren. Von Prag aus loderte die Flamme des Krieges über Mitteleuropa. Auf der Karlsbrücke endete nach 30 Jahren der unselige Krieg.

Nach dem Dreißigjährigen Krieg sank die Bedeutung Prags. Sichtbarer Ausdruck dafür war die 1749 von Maria Theresia verfügte Auflösung der »Böhmischen Kanzlei«. Die nationale tschechische Komponente der Hauptstadt Böhmens fügte erst die tschechische Wiedergeburt hinzu, die bereits mit dem Josephinismus einsetzte und von der Mitte des 19. Jahrhunderts an das Deutschtum allmählich in eine Nebenrolle drängte, gemildert durch ein österreichisches Bewußtsein, das beide Nationen noch eine Zeitlang verband.

Erst mit der Gründung der Tschechoslowakei wurde Prag zu einer tschechischen Stadt, ohne die Spuren deutscher Vergangenheit verleugnen zu können. Selbst nach der Vertreibung blieb und bleibt sie im Herzen der Sudetendeutschen ein untrennbares Stück der Heimat.

ROMANTISCHE ELBLANDSCHAFT

Böhmen, mit den Augen der deutschen Romantiker gesehen, verkörpert die Landschaft des Böhmischen Mittelgebirges, die bedeutendste Anhäufung jungvulkanischen Gebiets in Mitteleuropa. Wer Ludwig Richters »Böhmische Mittelgebirgslandschaft« betrachtet, kann den Reiz dieses Landes erahnen, eines klimatisch gesegneten Streifens, den gegen Osten und Nordosten die Windungen der Elbe durchschneiden. Die tieferen Gehänge der zahlreichen Basaltberge sind ein Eldorado für den Naturfreund.

Das einst berühmte Weingebiet von Tschernosek ist in unseren Tagen zusammengeschrumpft; aber die Südhänge des Mittelgebirges und das Elbetal selbst sind die Heimat des Obstbaues und verwandeln im Frühjahr die Landschaft in ein zauberhaftes Meer weißer Blüten. Den nördlichen Teil dieses Gebietes beiderseits der Elbe zwischen Tetschen und Aussig erschlossen deutsche Kolonisten; südlich davon überdeckten sie allerdings eine ältere slawische Siedlung. Größere Gemeinden konnten sich nur in den Niederungen des Elbetals entwickeln.

Kraner (Krainer aus der Gottschee)

Die agrarische Industrie hat ihren Hauptsitz in Leitmeritz. Hart an der ehemaligen deutschen Sprachgrenze an der Einmündung der Eger in die Elbe finden wir die alte Festungsstadt Theresienstadt. Größte Stadt dieser Landschaft ist Aussig an der Elbe. Innerhalb weniger Jahre hat es sich durch seine Lage an der Wasserstraße zu einer der bedeutendsten Industriestädte des Landes entwickelt. Seit dem Ende des 19. Jahrhunderts befindet sich hier das Zentrum der chemischen, Fett-, Textil- und Maschinenbau-Industrie; es ist der größte Binnenumschlagplatz Böhmens auf dem Wasserweg zur Nordsee.

An der Mündung zweier Seitentäler lag auf hohem Felsen über dem Strom zur Bewachung des Elbeweges, damals im fast unbewohnten Land, eine alte Zollstätte, das heutige Tetschen, mit dem gegenüberliegenden Bodenbach ein Mittelpunkt des Handels und der Industrie an der Pforte der Elbe nach Deutschland. Entlang des Eulauer Tales war einst die böhmische Knopfindustrie aus einem Hausgewerbe heraus entstanden. Am Fuße des Böhmischen Mittelgebirges, im Polzental, begegnen wir Böhmisch Leipa, Zentrum einer einst weithin bekannten Textilindustrie.

Jenseits des Polzen- und Eulautales stößt das Mittelgebirge unmittelbar an das Elbesandsteingebirge, das gegen Norden weit nach Sachsen hinabreicht. Hier haben sich die bizarren Felsgebirge der »Böhmisch-Sächsischen-Schweiz« gebildet, die von engen Klammen durchbrochen sind. Dieses schwer zugängliche Gebiet ist nur spärlich besiedelt worden. Zur Zeit der deutschen Kolonisierung entstanden Zeilendörfer in Nestlage, an flachen Talhängen oder zwischen dem Elbetal und seinen Steilabhängen.

Am Oberlauf der Elbe schließt sich nach Osten zu das Daubaer Bergland an, eine Tafellandschaft mit felsumsäumten Tälern und eigenartigen Felsbildungen, die aus Sand- und Eruptivgesteinen bestehen. Charakteristisch für die Daubaer Landschaft mit ihren langgestreckten Dörfern ist das dort und im benachbarten Niederland weitverbreitete Blockhaus,

das auf eine alte Tradition des Hausbaus zurückgeht und dafür den Waldreichtum zu nutzen verstand. Von steilaufragenden Gipfeln wie dem Bösig mit seiner Burgruine werden die großen Binnenseen um Hirschberg umkränzt. Nach Norden zu schließt sich an das Seengebiet ein von tiefen Schluchten durchzogenes Sandsteingebirge mit herrlichem Buchenwaldbestand an.
Am Polzenfluß zwischen den vulkanischen Kuppen des Böhmischen Mittelgebirges und am Plateau des Iserflusses liegt die geschichtsträchtige Stadt Böhmisch Leipa, in der Handsch von Limus, der bekannte Humanist, das Licht der Welt erblickte. Auch mit Wallenstein ist diese Stadt verknüpft, der 1626 das Augustinerkloster mit einer Lateinschule errichten ließ.

Slowakischer Rastelbinder (Pfannenflicker)

VON DER LAUSCHE ZU DEN RIESENBERGEN

Die geographische Bezeichnung »Sudetenländer« haben Böhmen, Mähren und Schlesien von dem Namen des langgestreckten Gebirgszuges der Sudeten erhalten, der gegen Norden zu die natürliche Grenze Böhmens bildet, im weiteren Verlauf nach Osten Mähren von Schlesien trennt und bis zum Quellgebiet der Oder reicht. Davon ist die Bezeichnung »Sudetendeutsche« abgeleitet worden, die Franz Jesser als Sammelbegriff für die Deutschen in Böhmen, Mähren und Schlesien zu Beginn unseres Jahrhunderts in den politischen Sprachgebrauch eingeführt hat. Die Sudeten sind der östlichste und zugleich mächtigste Zug der mitteleuropäischen Mittelgebirge.
Die natürliche geographische Begrenzung Böhmens nach Norden zu wird nur im Böhmischen Niederland unterbrochen, das zusammen mit dem Lausitzer Gebirge eine geographische Einheit bildet. In dieses wellige Gebiet mit seinen zahlreichen Kegelbergen, wie Kleis und Lausche, drang die altslawische, sorbische Besiedlung lediglich von Osten her vor, während eine tschechische aus dem Landesinnern durch das schwer zugängliche Waldgebiet ferngehalten wurde. So blieb diese Landschaft bis 1945 ein Kerngebiet ausgedehnter Waldhufendörfer. Karger Boden und rauhes Klima haben die Bevölkerung frühzeitig zum Hausgewerbe gezwungen und die Grundlagen für die Entfaltung der nordböhmischen Textilindustrie geschaffen.
Aus den Dörfern von einst sind ansehnliche Städte entstanden. Warnsdorf erwuchs aus einem riesigen Industriedorf zum Zentrum der Strumpfindustrie mit der größten Strumpffabrik Europas. Das »nordböhmische Manchester«, das erst in den 60er Jahren des vergangenen Jahrhunderts Stadtrechte erhielt, kann sich der ersten vollständigen liturgischen Uraufführung von Ludwig van Beethovens Missa solemnis D-dur, op. 123, rühmen. Die Messe hatte der Olmützer Erzbischof Erzherzog Rudolf bestellt; sie wurde 1830 in der Warnsdorfer St.-Peter-und-Pauls-Kirche unter Mitwirkung von Sängerchören bis aus dem sächsischen Zittau aufgeführt. Warnsdorfs neugotische altkatholische Kirche

Winterliches Holzfuhrwerk

war Kathedralkirche für den Bischof dieser Religionsgemeinschaft in Böhmen.
Leinen- und Baumwollerzeugung wurden in Rumburg betrieben, wo sich bereits im 14. Jahrhundert Siedler aus dem Flämischen der Tuchmacherei widmeten. Durch seine Krippenschnitzkunst war es weitbekannt. In allen Städten des Niederlandes entfalteten sich daneben die Metallwarenindustrie und Maschinenfabriken, die vorwiegend Webstühle herstellten.
In Fortsetzung des Lausitzer Gebirges steigt mit rasch zunehmender Höhe der Rücken des Jeschken auf. Der Kamm selbst ist in einzelne Kuppen aufgelöst und erreicht in dem weithin aus der Landschaft hervortretenden Jeschken (1010 m) die höchste Erhebung. Dieser schöne Waldrücken trennt den Einbruch der Reichenberger Senke von dem gegenüberliegenden Längszug des Isergebirges mit der 1122 m hohen Tafelfichte. Urwald, verträumte Hochmoore, wasserreiche Gebirgsbäche und weit in die Höhenzüge hinaufreichende Streudörfer bieten einen etwas schwermütigen Reiz. Erneut klafft im Gebirgszug der Sudeten, zwischen dem Bogen, den die Iser bildet, und dem Quellgebiet der Görlitzer Neiße, die das Reichenberger Becken und das anschließende Becken des bereits sächsischen Zittau durchfließt, eine Bresche. Dieser natürliche Übergang nach Sachsen führte, begleitet von einem raschen Bevölkerungswachstum, zu einer stürmischen Industrialisierung. Die ersten Siedler, die in diesen Landstrich kamen, waren Deutsche aus der Lausitz, denen im 17. Jahrhundert Nachzügler aus Schlesien folgten.
Wichtigste Stadt dieser Landschaft ist Reichenberg; es entstand bereits in der zweiten Hälfte des 13. Jahrhunderts als Rast- und Umschlagplatz der Handelsleute auf dem Weg nach Polen. Seinen Ruf als traditioneller Handelsumschlagplatz hat Reichenberg als Messestadt bis in unsere Tage bewahrt. Gestützt auf ihre gewaltige Wirtschaftskraft hat die Stadt für das Sudetendeutschtum eine Bedeutung gewonnen, die weit über ihre industrielle Potenz hinaus eine politische, kulturelle und geistige Sogwirkung entfaltete. Politisches Zentrum war Reichenberg bereits vor 1938, als es zur Hauptstadt des Reichsgaues Sudetenland wurde; war sie doch Ende 1918 Sitz der vorläufigen Landesversammlung und der Landesregierung Deutschböhmens. Bereits Ende des 19. Jahrhunderts hatten die selbstbewußten Bürger im Bau des Rathauses symbolhaft einen Anspruch als Hauptstadt gesetzt: Das von dem Wiener Architekten Franz Neumann gestaltete imposante neugotische Bauwerk war bewußt dem Wiener Neuen Rathaus nachempfunden.
Nach 1918 verstärkte sich die Anziehungskraft Reichenbergs für das Sudetendeutschtum. Zahlreiche sudetendeutsche Vereinigungen, Vereine und nahezu alle Wirtschaftsverbände hatten dort ihren Sitz. Zu dem Ruf als geistiges und kulturelles Zentrum trug die 1923 erfolgte Schaffung einer Bücherei der Deutschen als eine Art sudetendeutscher Nationalbibliothek bei, die eine breite Palette bereits bestehender kultureller Sammlungen, wie das Nordböhmische Gewerbemuseum,

das naturwissenschaftliche und ortsgeschichtliche Museum ergänzten.
Im äußersten Norden, am Fuße eines hohen Basaltberges, liegt Friedland mit dem alten Schloß. Herrschaft und Schloß waren von 1622 bis 1634 Besitz des Albrecht Wenzel Eusebius von Waldstein. Die Herrschaft wurde 1624 erbliches Fürstentum, ein Jahr später sogar zum Herzogtum erhoben. Sitz des in der Geschichte Böhmens einzigen Territorialfürstentums war jedoch Gitschin. Über die Herrschaft des »Friedländers« berichtet Schiller in seinem »Wallenstein«:

»Er hat zu Gitschin einen schönen Sitz;
Auch Reichenberg, Schloß Friedland liegen heiter –
Bis an den Fuß der Riesenberge hin
Streckt sich das Jagdgehege seiner Wälder.«

Durch die Neiße und ein zusammenhängendes Gebiet von Siedlungen ist Reichenberg mit der Industrielandschaft von Gablonz verbunden; auch sie streifte frühzeitig ihren ursprünglich agrarischen Charakter ab. Der Quarzsand des Isergebirges bildete den Grundstock für die Glasbläserei, aus der sich die weltbekannte Gablonzer Bijouterie-Industrie entwickelte. Doch war Gablonz nicht nur eine Stadt des Handels und des Exports; es zeichnete sich durch sein reiches kulturelles Leben aus. Seine wohlhabenden Bürger ermöglichten der Stadt die Unterhaltung eines Städtischen Theaters mit ständigem Spielplan und Ensemble. Diese Bühne war, wie so manche andere in sudetendeutschen Städten, Sprungbrett für nachmals berühmte Künstler. Nicht unerwähnt darf Gablonz als Sitz des evangelischen Kirchenpräsidenten Gottfried Wehrenpfennig bleiben. Sie ist wohl die einzige sudetendeutsche Stadt, deren vertriebene Bewohner in Neugablonz bei Kaufbeuren massiert wieder eine Heimat fanden, in der sie ihre Industrieunternehmungen von Weltgeltung neu aufbauen und entwickeln konnten.
Die höchste Erhebung erreicht der Gebirgszug der Sudeten in dem 35 km langen Kamm des Riesengebirges. Die breitgewölbte Kammregion mit ihren kahlen Kuppen wird majestätisch durch die 1603 m hohe Schneekoppe überwölbt. Die nördliche Lage und die ansehnliche Höhe prägten hier ein echtes Gebirgsklima. Von Anfang Oktober bis spät in das Frühjahr hinein trägt die Gipfelregion eine zusammenhängende Schneedecke; nicht selten gibt es Schneetreiben, sogar mitten im Hochsommer. Die Reste eines frühen Urgletschers begegnen uns in den steil abfallenden felsigen Schluchten des Aupatales und im Elbgrund, über den die junge Elbe in majestätischen Fällen herabstürzt. Reste von Kargletschern stellen die beiden Schneegruben am Südhang der Kesselkoppe und im Elbgrund dar. Gegen Norden fällt das Gebirge zur schlesischen Grenze steil ab. Gegen Süden ist es vielfach aufgegliedert und senkt sich in mehreren Kämmen und Gebirgszügen gegen das Landesinnere ab. Im Westen ist die Kesselkoppe durch die weite Hochfläche der Elbwiesen mit dem Hauptkamm verbunden.
In den Ausläufern zwischen dem oberen Elbetal und der Iser und Mummel liegen die bekannten Wintersportplätze Harrachsdorf und Rochlitz. Südlich der Schneekoppe breitet sich

Bergbauern

die weite, baumlose Hochfläche des Koppenplanes aus, überragt von Brunnberg und Hochwiesenberg, die steil zum Riesengrund und gegen das Tal von St. Peter abstürzen. Gegen Westen zu erstreckt sich der messerscharfe Grat des Ziegenrückens; Spindlermühle liegt an seinem Abhang. Gegen Südosten schließen sich Plattenberg, Fuchsberg und Schwarzer Berg zu einem Kamm, der steil gegen das Aupatal abfällt.
Die Aupa und ihre Quellflüsse entspringen hier und suchen über Felsstufen im Riesengrund und seinen Seitentälern ihren Weg zu Tal. Weiträumige Baudensiedlungen charakterisieren die Berggemeinde Petzer und haben sie zu einem idealen Luftkurort und Wintersportplatz mit nahezu alpinen Möglichkeiten gemacht. Vom Schmiedeberger Paß an, einem alten Handelsweg nach Schlesien, gliedert sich der Hauptkamm nach Süden in den Kolbenkamm und das Rehorngebirge auf. Grandios ist diese Landschaft, in der die Gestalt des »Rübezahls« dem Wanderer heute noch begegnet: in den bizarren Formen des Krüppelwuchses, in der Urgewalt herabstürzender Wasserfälle oder in der gespenstischen Verzerrung von Nebelfetzen, die in Windeseile über die kahlen Gipfelhänge

Großmutter über dem Gebetbuch

hinweghuschen und den Menschen zum Zwerg gegenüber den Giganten der Natur werden lassen.
Von allen Randgebirgen Böhmens hat das Riesengebirge den Charakter eines echten Schutzwalls behalten und ist auf böhmischer Seite von modernen Verkehrslinien bis zur Gegenwart unberührt geblieben. An dieser Waldfeste scheiterte lange Zeit die Kolonisierung. Durch den Flachsanbau entstand die Heimweberei mit ihrer sprichwörtlichen Armut, die Gerhart Hauptmann als dichterischen Vorwurf für seine »Weber« nahm. Später erst, im 16. Jahrhundert, angeregt durch Einwanderer aus den österreichischen Alpenländern, kam es zur planmäßigen Rodung und zur Ausbildung der Graswirtschaft. In dieser rauhen Natur erforderte der Kampf um das tägliche Brot einen harten Menschenschlag; stark war immer die Abwanderung in das Vorland, in dem sich eine Leinen-, Holzstoff- und Papierindustrie aus den Rohstoffen der engeren Umgebung entfaltete.
Die Urwüchsigkeit des Gebirges hatte seit dem beginnenden 20. Jahrhundert den Fremdenverkehr zu einer wichtigen Einnahmequelle werden lassen. Die Sommerbauden und die Alphütten sind zu vielbesuchten Stützpunkten unzähliger Bergwanderer geworden. In den Tälern haben sich immer mehr Fremdenverkehrsorte entwickelt und das Antlitz der langen Kette von Industriedörfern mit ihren Leinwandbleichen und Spinnereien gewandelt.
Wenn man vom Riesengebirge spricht, muß man von und über die Elbe reden, die am Kamm des Riesengebirges entspringt und in einer 400 km langen Wanderung Böhmen durchfließt, ehe sie bei Herrnskretschen das Land verläßt. Im Riesengebirge entspringt ihr linker Nebenfluß, die Aupa. Aupa hieß ursprünglich auch die größte Stadt am Fuße des Riesengebirges, Trautenau. Auf dem Marktplaz werden wir mit dem Rübezahlbrunnen an die Allgegenwart dieses Berggeistes erinnert. Der 1892 von Flögl, Kirschner und Pöninger geschaffene Brunnen zeigt uns Rübezahl, mit wehendem Mantel nach einem Jüngling spähend, der ihm seine Braut

entführt hat; auf einem Hügel von Natursteinen steht diese Gruppe.
In der Nähe von Trautenau, am Kapellenberg, fand 1866 das einzige für die Österreicher siegreiche Gefecht des Bruderkrieges statt. Am Schlachtfeld steht das Eisengußdenkmal für den Sieger der Schlacht von Trautenau, Feldmarschall Ludwig von Gablenz.

ZWISCHEN ELBE UND ADLER

Das ostböhmische Kohlenrevier hat Schatzlar zu einer beachtlichen Industriestadt gemacht, das seine Steinkohlenförderung hauptsächlich dem Trautenauer Gebiet zukommen läßt. Nordöstlich von Schatzlar erhebt sich der Zug des Falkengebirges mit den phantastischen Formen seiner Quadersandsteine, dem Felsengebiet von Adersbach und Wekelsdorf. Die Adersbacher Felsen bilden ein acht Kilometer langes Labyrinth von 30 bis 60 m hohen Felsen. Die Felsenstadt Wekelsdorf hat sogar bis zu 70 m hohe Sandsteingebilde. Wirken die Adersbacher Felsen durch die einzelnen Felsformen, so beeindruckt in Wekelsdorf die Stellung der Felsengruppierungen zueinander. Die Felsen gehören dem Quadersandstein der Kreidezeit an, der sich vom schlesischen Grüssau über das Heuscheuergebirge bis an die mährische Grenze erstreckt, und sind Überbleibsel eines einst geschlossenen Sandsteinplateaus, das durch Erosionsprozesse in diese eigenartig geformten Felstürme und Labyrinthe von Gassen, Schluchten und Höhlen zerteilt wurde. Goethe fand auf seiner Reise 1790 diese Naturwunder eines Besuches wert.
Werk der deutschen klösterlichen Kolonisierung ist Braunau, das 1217 als Tochterstiftung des Klosters Břevnov bei Prag entstanden ist. Die reichen Schätze der Bibliothek des Klosters sind Zeugnisse einer hohen Kulturleistung. Die deutschen Siedler des Braunauer Ländchens, aus Thüringen und Schlesien kommend, haben hier das Tuchmachergewerbe

Nacht bricht an

eingeführt und die Grundlagen für eine blühende Textilindustrie geschaffen. Im Jahr 1618 ließ der Abt von Braunau, Wolfgang Selender, einen von den Protestanten begonnenen Kirchenbau gewaltsam einstellen. Dies wird als eine der Ursachen des Böhmischen Aufstandes gedeutet, der über den Prager Fenstersturz zum Dreißigjährigen Krieg führte.
Gegen den Glatzer Kessel zu erstreckt sich der bewaldete Gebirgszug des Adlergebirges mit seiner höchsten Erhebung, der Deschneyer Koppe mit 1127 m, in einer auffallend gleichmäßigen Kammhöhe. An die 80 km zieht sich dieses Grenzgebirge hin, gegliedert durch die Ost-West-Durchbrüche der beiden Gebirgsflüsse, der Wilden und der Stillen Adler, in das Obere und Untere Adlergebirge. Der Böhmische Kamm ist ein zusammenhängender Bergrücken mit seinen nördlichsten Eckpfeilern in der Hohen Mense. Parallel dazu verläuft, schon auf schlesischer Seite, das Habelschwerdter Gebirge. Zwischen diesen Bergkämmen fließt die Wilde Adler, hier Erlitz genannt, durch ein breites Tal nach Südosten und durchbricht in einem schluchtartigen, wildromantischen Engtal den böhmischen Kamm, wendet sich zunächst nach Süden, um, vereint mit der östlichen Schwester, der Stillen Adler, nach Westen der Elbe zuzufließen. Auch die Stille Adler muß, um das böhmische Tiefland zu

Sonnenwendfeuer

erreichen, den Gebirgszug des oberen und unteren Adlergebirges durchbrechen. Die ehemals deutsche Bevölkerung dieses Landstriches schuf hier verstreute Waldhufendörfer. Nur ein größerer Ort, Rokitnitz am Südwesthang des Gebirges, erwuchs aus dem kargen Landstrich, dessen Bevölkerung sich von Landwirtschaft und Hausweberei ernährte.
Oberhalb der Einmündung der Adler in die Elbe liegt Königgrätz, eine der ältesten Städte Böhmens, seit 1660 Sitz eines Bistums. Bedeutendster Bischof dieses Bistums war Johann Leopold Hay, der als »Toleranzbischof« und Autor des Josephinischen Toleranzpatentes in die Geschichte eingegangen ist. In der Nähe der bischöflichen Kathedrale steht das Geburtshaus des Arztes Karl Freiherr von Rokitansky, Begründer der wissenschaftlichen pathologischen Anatomie und von 1869 an Präsident der Österreichischen Akademie der Wissenschaften. Waren bei Trautenau die Österreicher im Krieg von 1866 siegreich geblieben, erlitten sie in der Schlacht bei der Gemeinde Chlum in der Nähe von Königgrätz die kriegsentscheidende Niederlage; sie ist als Schlacht von Königgrätz in die Geschichte eingegangen.
Nördlich von Königgrätz liegt das von Franz Anton Graf Sporck in den Jahren 1695–1724 erbaute und 1901 niedergerissene Schloß Kukus, in dem der kunstsinnige Graf Sporck Männer der Wissenschaft, Kunst und Literatur aus seinem Freundeskreis versammelte. In dem von ihm gegründeten Kukusbad zählten Johann Sebastian Bach und der Lyriker Johann Christian Günther zu den Gästen. In einer Gruft des Hospitals ließ der Graf seinen Vater, den legendären Reitergeneral der Türkenkriege, Johann Graf Sporck, beisetzen; er ist durch Rainer Maria Rilkes »Cornett« in die Weltliteratur eingegangen.
Flußabwärts, zu beiden Seiten der Elbe, weitet sich einer der fruchtbarsten Landstriche Böhmens, die »Goldene Rute«. Der träger gewordene Fluß umströmt eine Landschaft überquellenden Wiesen- und Aulandes. Sanfte Bodenwellen ziehen sich nordwärts auf und ab, oft unterbrochen von obstbaumbepflanzten Feldwegen, die das sommerliche Gelb der Getreidefelder und die Grüntöne niederwüchsiger Hackfruchtäcker umgrenzen. Diese ostböhmische Bauernlandschaft war eine der stärksten Wurzeln tschechischer Volkskraft.
Kuttenberg, am Südrand dieser überquellenden Landschaft, ist seit geraumer Zeit eine tschechische Stadt, doch sind die steinernen Zeugen deutscher Bürger und Kultur nicht wegzuleugnen. Die von Peter Parler begonnene und von Benedikt Ried vollendete Bergmannskirche St. Barbara gehört ebenso wie das nach Plänen von Ignaz Dientzenhofer erbaute Ursulinen-Kloster zu den mahnenden Erinnerungen an eine deutsche Vergangenheit. Kuttenberg war im Mittelalter die größte und nach Prag wohl die vornehmste Stadt Böhmens, dank des Silberabbaus Quelle des Reichtums der letzten Přemysliden und der Herrscher aus dem Hause Luxemburg. Seit 1300 wurden hier Groschen geprägt. Kuttenberg ist durch das von König Wenzel IV. 1409 erlassene Dekret, in dem er der böhmischen Universitätsnation den Vorrang vor den anderen Nationen einräumte, in die Geschichte Böhmens eingegangen als Ursache des Auszugs deutscher Professoren und Studenten aus Prag nach Leipzig und der Gründung der Leipziger Universität.

WAS VON SCHLESIEN BLIEB

Der Glatzer Kessel, der an das Adlergebirge anschließt und ein von Höhenzügen bewehrtes Gebiet bildet, war schon in geschichtlichen Tagen Einfallstor nach Böhmen. Hier, an der Senke von Mittelwalde, führte ein alter Handelsweg von Olmütz in das schlesische Breslau, mitten durch die natürliche Festung des Glatzer Kessels. An seiner östlichen Flanke steigt das Massiv des Spieglitzer Schneebergs, oder des »Glatzer Schneebergs«, wie ihn die Schlesier nannten, zu einer gewaltigen abgeflachten Kuppe in eine Höhe von mehr als 1400 m an. An klaren Tagen reicht der großartige Panoramablick von dem Gipfel mit seiner in den Jahren nach dem Zweiten Weltkrieg von polnischen Militäreinheiten gesprengten Kaiser-Wilhelm-Warte bis zu den im Nordwesten aufsteigenden Gipfeln des Riesengebirges und im Norden weit in das Schlesierland, im Osten über das nahe Altvatergebirge zu den Höhenzügen der Beskiden.

Unweit des Gipfels entspringt die March, die in ihrem Oberlauf die Grenze zwischen Böhmen und Mähren markiert und sich durch enge Täler einen Weg nach Süden und, nach einem nach Osten ausholenden Bogen, dem weiten, offenen Land zu bahnt. Der Aufstieg zum Spieglitzer über die Marchquelle gehörte zu den unvergeßlichen Erinnerungen: Allmählich, aus den Wiesen entlang des Bächleins, den Gipfel mit seinem Turm vor Augen, emporzusteigen, um im Rückblick zum Tale die stetig gewonnene Höhe freudig zu genießen, bis Turm und Gipfel in nunmehr steiler werdendem Anstieg verschwinden, um plötzlich und unvermittelt nah das mühsam errungene Ziel anzukündigen. Hüben wie drüben waren Menschen schlesischen Geblüts zu Hause; im Altstädter Ländchen und um Grulich sprach man Glätzische Mundart. Gebirgsbauern und Holzfäller waren der vorherrschende Menschenschlag, der hier, in der Heimat des Flachsbaus, in einer rauhen und herben Landschaft lebte. Der Bergbau war bis auf wenige Reste um Mährisch Altstadt längst erloschen. So hatten sich Papierfabriken und Flachsspinnereien entwickelt, unterstützt durch eine karge Landwirtschaft, die kaum den Eigenbedarf zu decken vermochte. Unweit der mährischen Landesgrenze, bereits in Böhmen, finden wir das verträumte Städtchen Grulich mit seiner berühmten Wallfahrtskirche, dem Muttergottesberg. Von Grulich gegen Süden verlieren die waldreichen Berge bald an Höhe, die Täler werden breiter, und fruchtbares Land drängt die Bewaldung zurück.

Mit dem östlichen Grenzkamm des Glatzer Kessels, dem Reichensteiner Gebirge, beginnt das nördlichste Glied des Gebirgszugs der Ostsudeten, das Altvatergebirge. Wir sind in Sudetenschlesien, jenem Teil des Kronlandes Schlesien, das Friedrich II. von Preußen der Kaiserin Maria Theresia nach dem Siebenjährigen Krieg belassen hatte. Mit dieser schlesischen Teilung, die den Aufstieg Preußens zur Großmacht einleitete, begann für die Deutschen der böhmischen Kronländer eine unheilvolle Entwicklung: Sie wurden in Böhmen und Mähren zur Minderheit. Österreich verlor nicht nur ein

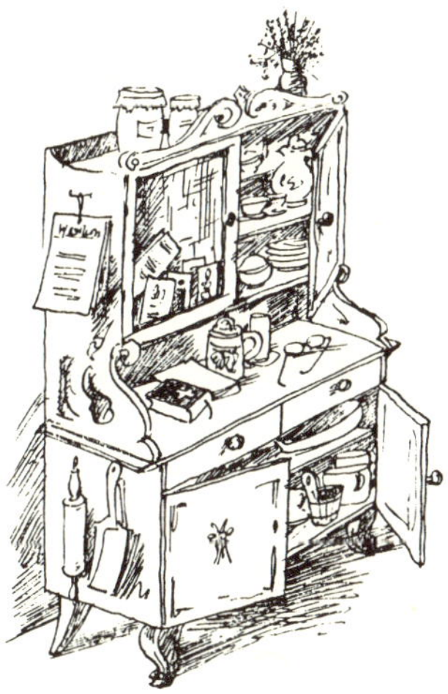

Die Kredenz

wertvolles Juwel aus seiner Krone, sondern allmählich den bisher beherrschenden deutschen Charakter seines Staates. Der Rest, welcher der Krone verblieb, die Herzogtümer Troppau, Jägerndorf, Teschen und das ostschlesische Bielitz, Österreichisch Schlesien oder Sudetenschlesien, wie es nach 1918 genannt wurde, war den neuen Herren in Böhmen stets ein Dorn im Auge. Um seinen deutschen Charakter abzuschwächen, wurde es 1927 nach einer Reorganisation der Verwaltung des tschechoslowakischen Staates aufgelöst und ab 1928 mit Mähren zum Land Mähren-Schlesien vereinigt. Nur wenige Übergänge kennt der Gebirgszug des Altvatergebirges, und nur einmal, im Spornhauer Sattel, überwindet eine Eisenbahn diesen »nordmährischen Semmering«. Nach Südosten steigt der Zug des Altvatergebirges in einer Reihe von majestätischen Koppen empor, die alle der Altvater mit 1492 m Höhe überragt. Gemse und Steinbock, die unterhalb des Altvatergipfels in den 30er Jahren ausgesetzt wurden, haben sich seitdem vermehrt und eine Zufluchtstätte in dieser noch weithin unberührten Gebirgswelt gefunden. Im Charakter ähnelt dieser Gebirgszug dem Riesengebirge. Freilich

Auf der Ofenbank

fehlen die steilen moorigen Abhänge. Einen einzigen eiszeitlichen Rest finden wir im Mohrakessel unterhalb der Hohen Heide (1464 m). Das Gebirge ist von prächtigen Forsten und Hochweiden überzogen. Ab 1300 m beginnt die Region der Krüppelfichten, dann folgen die baumlosen Matten mit alpinen Blütenpflanzen. Urwüchsig erhebt sich aus dem Waldgebiet in bizarren Felsformationen aus zerklüftetem Gneis und seinen Schuttströmen der Seegraben, auch Wilder Steingraben genannt, der sich zum Gipfel des diese grandiose Landschaft beherrschenden Altvatergipfels hinaufwindet. Der schiefergraue Turm, einst Franz-Josephs-Warte genannt, war zum Symbol des deutschen Nordmährerlandes geworden. Wohl um jede Erinnerung daran zu löschen, wurde er nach 1945 gesprengt. Der moderne Fernsehturm auf dem Altvatergipfel, der an seine Stelle trat, wirkt wie ein Fremdkörper in dieser Urlandschaft.

Die historischen Bindungen und Verbindungen der beiden Teile Schlesiens konnte auch die schicksalsträchtige Trennung nicht auslöschen. Zu vielfältig waren die kulturellen und geistigen Verknüpfungen. Herrschaft und Stadt Jauernig waren seit ältester Zeit im Besitz der Breslauer Bischöfe, zu dessen Diözese das sudetenschlesische Gebiet – unter einer apostolischen Administration mit Sitz in Teschen – auch heute noch gehört. In einem Landhaus am Rande des Städtchens lebte eine Zeitlang der Komponist Carl Ditters von Dittersdorf, der als Begründer der deutschen komischen Oper gilt. Er gehörte zur Hofhaltung des Breslauer Fürstbischofs Philipp Schaffgotsch. Im Schloß Johannesberg, oberhalb von Jauernig, erblickte der Dichter der österreichischen Romantik, Joseph Christian Freiherr von Zedlitz, das Licht der Welt.

Auf der schlesischen Abdachung des Altvatergebirges am Fuße der auf 1375 m ansteigenden Hochschar treffen wir in einer Mulde auf die Stadt Freiwaldau. Auch sie verdankt ihre Blüte den Breslauer Bischöfen. Im fürstbischöflichen Wasserschloß am Schloßplatz nahe der Propsteikirche lebte und

wirkte als fürstbischöflicher Amtshauptmann der bereits im Zusammenhang mit Jauernig erwähnte Carl Ditters von Dittersdorf. In einer Gruft der neugotischen Marienkapelle, dem »Mausoleum«, liegt mit seiner Gattin Vinzenz Prießnitz bestattet. Des Begründers der nach ihm benannten Kaltwasserkuren in dem oberhalb von Freiwaldau gelegenen Gräfenberg, das sich seit 1830 zu einem vielbesuchten Kurort entwickelt hatte, ist in vielen Denkmalen dankbar gedacht worden. In Nieder Lindewiese hatte bereits im 18. Jahrhundert Johann Schroth ein weiteres Naturheilverfahren eingeführt, die Schroth-Kur.
Die touristische Erschließung des Altvatergebirges und seiner Vorberge ist dem Mährisch-Schlesischen Sudetengebirgsverein mit Sitz in Freiwaldau zu verdanken. Er ließ nicht nur den weit nach Schlesien und Nordmähren hinein grüßenden Altvaterturm erbauen, zahlreiche Schutzhäuser und die Erschließung des Gebirges durch Wanderwege sind ihm zu verdanken. Die Bedeutung Freiwaldaus als Fremdenverkehrsort wurde auch durch den Sitz des Deutschen Landesverbandes für Fremdenverkehr in Freiwaldau unterstrichen.
Im Blickpunkt des nahen Altvaters auf dem schlesischen Herrschaftsgebiet des Deutschen Ritterordens wurde Karlsbrunn Ende des 18. Jahrhunderts als Heilort gegründet. Die Holzhäuser, der Landschaft im Stil angepaßt, geben dem Kurort, »Schlesisches Gastein« genannt, seinen unverwechselbaren Charakter. Im 19. Jahrhundert wurden hier neben Trinkkuren aus der »Stahlquelle« und Bädern, die man mit heißen Schlacken aus dem Hochofen von Hubertuskirch erhitzte, Trinkkuren von Milch, Molke und Eselsmilch verabreicht.
Noch ganz von den in der Ebene auslaufenden Kuppen des Altvatergebirges umgeben ist die Stadt Freudenthal, deren wuchtiges Renaissanceschloß aus der zweiten Hälfte des 16. Jahrhunderts nach der Schlacht am Weißen Berg in den Besitz des Ordens kam und bis 1939 Ordenssitz seiner Hochmeister war. Auf dem Marktplatz steht das Geburtshaus der Schauspielerin Therese Krones, einer der großen Schauspielerpersönlichkeiten der Wiener Volksbühne zur Biedermeierzeit.

Leierkastenmann

Einem der wenigen Vulkankegel im Urgestein des Gesenkes begegnen wir südwestlich der Stadt im Köhlerberg mit seiner Maria-Hilf-Kirche, die vom Ordensstatthalter Augustin Oswald von Liechtenstein zum Dank für den Abzug der Schweden im Dreißigjährigen Krieg gestiftet worden war.
Das Herzogtum Jägerndorf verlor den größten Teil seines Besitzes am Ende des Siebenjährigen Krieges an das Preußen Friedrichs II. So wurde Jägerndorf zur Grenzstadt. In den Besitz derer von und zu Liechtenstein gelangte die Herrschaft 1623. Bis dahin war das damalige Fürstentum Jägerndorf im Besitz der Hohenzollern und – ganze zwei Jahre lang – des Markgrafen von Ansbach-Brandenburg. Nach der Rekatholisierung Jägerndorfs durch die neuen Herrschaftsbesitzer entstand im 18. Jahrhundert die Wallfahrt auf dem nahen Burgberg, Wahrzeichen der wohlhabenden Industriestadt.
Unweit von Jägerndorf, in Lobenstein, steht das Geburtshaus eines der bedeutendsten Männer des Sudetendeutschtums; hier wurde 1823 der spätere »Bauernbefreier« Hans

Unser Glasschrank

Kudlich geboren. Als Abgeordneter des Kremsierer Reichstages hatte er den Antrag auf Aufhebung der Erbuntertänigkeit gestellt. Die Urne mit der Asche des Politikers, die nach dem Ersten Weltkrieg in seinem Heimatort auf dem Wachberg in der „Kudlichwarte“ ihren Ruheplatz gefunden hatte, wurde nach 1945 von dort entfernt und auf den örtlichen Friedhof verbracht.
Unter den Liechtensteinern wurde das Herzogtum Jägerndorf mit dem Herzogtum Troppau vereint. Für die Bewohner Österreichisch Schlesiens übte die nach der Teilung Schlesiens zur Hauptstadt des Kronlandes gewordene Stadt eine ähnliche Anziehungskraft aus wie Reichenberg für die Deutschen Nordböhmens. Troppau erwuchs im Stil des »österreichischen Jahrhunderts« zu einer regionalen Metropole. Die zahlreichen repräsentativen Bauten dieser Epoche zeugen bis heute von dem kulturellen Anspruch der Stadt an der Oppa. Das Ende des 19. Jahrhunderts von den Wiener Architekten Scheiringer und Kachlinger erbaute Schlesische Landesmuseum und das Troppauer Theater unterstreichen dies. Auf das alte Troppau, eine der ältesten Städtegründungen in den Ländern der Böhmischen Krone, weisen zahlreiche gotische sakrale und profane Bauten hin. Auch das barocke Element ist gebührend in der Stadt vertreten, die 1945 durch Kampfhandlungen erheblich zerstört worden war. Troppau war eine der ältesten Niederlassungen des Deutschen Ritterordens. Diese Zeit hat die Stadt in baulicher Hinsicht weitgehend mitgeprägt.
Zahlreiche Persönlichkeiten sind hier geboren. Der Mitbegründer der Wiener Sezession, der Architekt Josef Maria Olbrich, und die österreichischen Feldmarschälle des Ersten Weltkriegs, Conrad von Hötzendorf und Josef Böhm-Ermolli, lebten in Troppau. Auf dem Renaissanceschloß Grätz bei Troppau weilte in den Jahren 1806 bis 1811 als Gast des Besitzers der Herrschaft, des Fürsten Lichnowsky, Ludwig van Beethoven. Daran knüpft die Beethoven-Gedenkstätte auf Schloß Grätz an, das zur Erinnerung an die Aufenthalte von Franz Liszt in den Jahren 1846 und 1848 auch einen Liszt-Gedenkraum eingerichtet hat.
Der Zug der Ostsudeten bildet die Wasserscheide zwischen den Einzugsgebieten von Donau und Oder. Allmählich fällt das Gesenke von den Kuppen des Altvatergebirges zum schlesischen Tiefland hin; gegen Süden zu bricht es steil zum Olmützer Becken ab. Diesen Ostteil des Gesenkes bildet das Oder-Gebirge, das Quellgebiet der Oder. Es ist ein waldiges Gebiet, übersät mit Waldhufendörfern und kleinen Städten, die ihren Ursprung zumeist dem Bergbau verdanken. Das Versiegen der Bodenschätze zwang die Bevölkerung zu neuen Erwerbsquellen. So entwickelte sich, wie im Erzgebirge, eine Heimindustrie. Günstige Erwerbsmöglichkeiten boten nur die Randlandschaften des Gesenkes.
An der Vereinigung von Oppa und Oder beginnt das »Ruhrgebiet« der Sudetenländer, das mährisch-schlesische Kohlenrevier mit seiner Schwerindustrie. Die Oder und die ihr von den Karpaten zustrebende Ostrawitza hatten in dem tertiären Hügelland breitsohlige Täler herausgearbeitet, die unter ihrem Boden das »schwarze Gold« bargen. Noch in den

siebziger Jahren des vergangenen Jahrhunderts war Ostrau, in verkehrsgünstiger Lage auf dem Wege nach dem österreichischen Galizien gelegen, ein aufstrebendes Landstädtchen, das hauptsächlich durch seine Viehmärkte bekannt war. Mittelpunkt eines gigantischen Industriekonglomerats ist diese von Jahr zu Jahr um Tausende von Bewohnern anwachsende Stadt heute. Die Grenzen zwischen den Städten und Industriezonen sind verschwunden. Fördertürme, Rangierbahnhöfe, nachts umflackert vom Feuerschein der Koksöfen und Stahlwerke, tagsüber von einer grauen, stickigen Dunstglocke verhängt, bestimmen das Antlitz dieser Landschaft. Hand in Hand mit der hektischen industriellen Entwicklung hat sich das ursprüngliche Landschaftsbild völlig verändert. Bodennutzung, Waldwuchs und Grünflächen sind im weiten Umkreis nahezu verschwunden. Mitten durch diese Großstadt fließt die Ostrawitza, einst die Grenze zwischen Mähren und Schlesien. Zum Großbereich des Ostrauer Industriegebietes gehört das Hultschiner Ländchen, das 1918 vom Deutschen Reich an die neuerstandene Tschechoslowakei abgetreten werden mußte.

Feierabend

Bauern im Wirtshaus

UMKÄMPFTES NORDMÄHRERLAND

Ein uralter Handelsweg führt vom Betschwatal hinüber zur Odersenke; ihr oberer Teil mit ihrem tiefgründigen Lehmboden bildet den Kern des Kuhländchens, ein deutsches Siedlungsland, das schon im 12. Jahrhundert begründet und nach dem Mongoleneinfall erneuert wurde. Stattliche, ziegelgedeckte Bauernhöfe und die berühmte Rinderzucht prägten diese Landschaft. Bäuerliche Kultur und Brauchtum haben sich über Jahrhunderte unverfälscht erhalten. Landwirtschaftliche Industrie hat den Charakter der Städte bestimmt. Mittelpunkt des Kuhländchens ist Neutitschein, eine schmucke deutsche Stadt mit einem regelmäßigen, vierecki-

Steinklopfer

gen Marktplatz, den Laubenhäuser aus der Renaissancezeit umschließen. Auf diesem Platz, vor dem historischen Gasthof »Alte Post«, in dem auch gekrönte Häupter abgestiegen waren, befindet sich der »Bauernbrunnen« des Bildhauers Franz Barwig. Das Denkmal Gregor Mendels im Stadtpark erinnert daran, daß dieser berühmte Sohn seiner Heimat in Unter Heinzendorf das Licht der Welt erblickte. Keineswegs unbedeutend für die Entwicklung Neutitscheins war die Industrie, die sich um die Jahrhundertwende im Sog des Kohlebergbaus und der Witkowitzer Stahlindustrie mächtig entfaltet hatte. Hüte der Neutitscheiner Hutfabrik Hückel trug man weltweit.
Geruhsamer verlief die Entwicklung in Fulnek. Hier wirkte der geistige Vater der Brüder-Union Jan Amos Comenius, bevor er ins Exil ging. Die deutsche Lehrerschaft errichtete ihm 1870 auf dem »Schülerberg« einen Obelisk.
Zwischen Odergebirge und Niederem Gesenke, dort, wo sich die vom Altvatergebirge über das Hohe Gesenke dehnenden Bergzüge weitgehend abgeflacht haben, liegen drei nordmährische Kleinstädte, über die der Volksmund den humorvollen Vers verbreitete: »Hof, Bautsch und Bärn sind die größten Städte in Mähr(e)n«. Ihre abseitige Lage von den gängigen Verkehrsverbindungen der neueren Zeit hat ihre wirtschaftliche Entwicklung gehemmt, so daß Landwirtschaft, Gewerbe und Kleinindustrie in diesen schmucken Landstädten vorherrschten. An vergangene Zeiten erinnert in Bautsch die von dem Fulneker Baumeister und Architekten Nikolaus Thalherr im Auftrag des Olmützer Fürstbischofs und Kardinals Ferdinand Julius Graf von Troyer erbaute monumentale barocke Maria-Himmelfahrts-Kirche.
Über Hof führte 1813 der Weg des Lützower Jägers und Dichters der Befreiungskriege Karl Theodor Körner von Sternberg nach Troppau zu seinen Schwarzen Jägern. Unweit von Bärn fand im Siebenjährigen Krieg unter General Laudon eine für die Österreicher siegreiche Schlacht statt, die das nahe Olmütz aus einer längeren Belagerung rettete. Einhundert Jahre später errichteten die dankbaren Bürger der Stadt Olmütz am Schlachtfeld einen Gedenkstein mit der Inschrift: »Den am 30. Juni 1758 gefallenen Kriegern, deren heldenmüthige Aufopferung zur Befreiung beigetragen.«
Zwischen Hohem und Niederem Gesenke, umgeben vom frischen Grün ausgedehnter Nadelwälder auf einer Handelsstraße von Olmütz über Sternberg nach Troppau, liegt die alte Bergsiedlung Römerstadt, die sich in der Neuzeit zu einer beachtlichen Industriestadt mit der größten Seidenweberei des Staates entwickelt hatte. Unweit der Stadt grüßt Burg Eulenberg, die 1623 in den Besitz des Deutschen Ritterordens gekommen war. Im Dreißigjährigen Krieg hatten sie die Schweden unter General Torstenson belagert, eingenommen und bis 1650 in ihrem Besitz gehalten.
Über die Kurven des Ecce-Homo-Passes, auf dem zwischen beiden Weltkriegen Automobilrennen abgehalten wurden, in die Ebene des Oberen Marchbeckens hinunter führt der Weg nach Sternberg. Hier gründete 1371 der Vertraute Kaiser Karls IV., Erzbischof von Magdeburg und Primas von Deutschland, Albert von Sternberg, das Kloster der Late-

ranensischen Augustiner, das Joseph II. 1784 aufheben ließ. Schloß Sternberg und die Herrschaft kamen Ende des 17. Jahrhunderts in den Besitz des Hauses Liechtenstein. In der nordmährischen Stadt verhandelte 1469 König Georg von Podiebrad in einem Feldlager mit König Matthias von Ungarn über einen Friedensvertrag. Und in Sternberg traf 1805 vor der Schlacht bei Austerlitz Franz I. mit Zar Alexander I. zusammen. Ein trauriges Gedenken verbindet sich mit dem Namen dieser Stadt: Am 4. Mai 1919 schossen tschechische Soldaten in eine Menge friedlich für das in den 14 Punkten Wilsons verkündete Selbstbestimmungsrecht demonstrierender Sudetendeutscher; 17 Menschen kamen dabei ums Leben, 28 wurden schwer verletzt.

Historische Erinnerungen sind auch mit der nördlich von Sternberg inmitten eines fruchtbaren Landstrichs mit weitausgedehnten Zuckerrübenfeldern gelegenen, einstigen königlichen Stadt Mährisch Neustadt verknüpft. Hier kamen im September 1770 Kaiser Joseph II. und der Preußenkönig Friedrich II. zusammen. Diese Begegnung führte zur dritten Teilung Polens.

Im Oberen Marchbecken nördlich von Olmütz wurde auf einer Anhöhe die seit dem 17. Jahrhundert dem Deutschen Ritterorden gehörende Burg Busau in romantischer Neugotik und in Nachbildung mittelalterlicher Komtureien zu einem Zeremonienschloß mit Remter, Kapitelsaal und Kapelle umgestaltet und damit ein seltenes, vielbesuchtes Kulturdokument geschaffen. Busau liegt schon am Rande des Schönhengstgaues.

Die Landschaft trägt ihren Namen nach dem »Schönhengst«, der sie als schmaler Höhenzug in Richtung von Norden nach Süden durchzieht. Der Höhenzug wiederum hat seine Bezeichnung der Überlieferung nach von den Fuhrleuten erhalten, die mit Roß und Wagen die Steigungen des Höhenzuges überwinden mußten. Bei der Anfahrt zu den Steigungen galt das Mahnwort »Schon' den Hengst«, das sich in »Schönhengst« gewandelt haben soll.

Hört Ihr Herrn und laßt Euch sagen ...

Der Höhenzug trennt zwei fruchtbare Beckenlandschaften, die Zwittauer und Mährisch Trübauer. Sie gehören geologisch zur Boskowitzer Furche, einer waldarmen Senke, die den Übergang von der Böhmisch-Mährischen Höhe zu den innermährischen Hochflächen bildet und von einer Kreidemulde überlagert ist. Sie nimmt noch im Böhmischen, östlich der Elbe, ihren Anfang und greift mit ihren Ausläufern über die Wasserscheide nach Mähren hinüber. Dieses für einen Durchgangsverkehr aufgeschlossene Gebiet war seit vorgeschichtlicher Zeit besiedelt. Frühzeitig betrieben hier mittel- und oberdeutsche Bauern intensiven Ackerbau. Große Teile am Rande des deutschen Siedlungslandes sind in der Hussitenzeit dem deutschen Volksboden verlorengegangen. Von tschechischer Neubesiedlung umschlossen, hatte sich im Schönhengstgau über Jahrhunderte hinweg eine blühende und reiche Landwirtschaft mit Viehzucht und Ackerbau, vorwiegend Roggen, Flachs und Zuckerrüben, entfaltet. Die günstige Verkehrslage an alten Handelsstraßen führte frühzeitig zur Städtebildung.

Eine der ältesten ist die von dem Olmützer Bischof Bruno von Schaumburg im 13. Jahrhundert zur Stadt erhobene, an der wichtigen Verkehrsstraße von Prag nach Olmütz gelegene Siedlung Zwittau. Die schmucke Stadt mit ihrem langgezogenen Marktplatz, flankiert von Renaissancehäusern und Lauben, besaß in der »Ottendorferschen Lesehalle« eine einmalige Bildungsstiftung. Oswald Ottendorfer mußte nach seiner Teilnahme am Aufstand von 1848 in Dresden nach Amerika flüchten, war dort später in führender Stellung bei der New Yorker Staatszeitung tätig und stiftete sein Vermögen der Vaterstadt für ein Waisenhaus und die »Lesehalle«, einer Volksbibliothek mit öffentlicher Lesehalle nach amerikanischem Muster. Eine weitere um das Sudetendeutschtum verdiente Persönlichkeit wurde in Zwittau geboren, der Politiker Franz Jesser, Urheber des politischen Begriffs »Sudetendeutsche«.
»Mährisches Athen« wurde Mährisch Trübau genannt. Aus einer frühmittelalterlichen Burg hatten italienische Künstler der Renaissance das prächtige Schloß mit seinem Arkadenhof erbaut, das sich unter der Herrschaft der Boskowitz, Zierotin und Liechtenstein zu einem weit ausstrahlenden humanistischen Mittelpunkt der Wissenschaften und Künste entwickelte. Hier wurde der nationalliberale Politiker und spätere Bürgermeister von Brünn und österreichische Innenminister Karl Giskra geboren.
Im nordöstlichen Bereich des Schönhengstgaues, mit der im

»Da liegt in der Krippe...«

Sprachenkampf des 19. und 20. Jahrhunderts so heftig umkämpften Stadt Hohenstadt, verlassen wir die deutsche Sprachinsel. Mit diesem nationalen Kampf untrennbar verbunden ist der Hohenstädter Fabrikant Hermann Brass, Gründer und Leiter des Bundes der Deutschen in Nordmähren, Mitglied des Wiener Reichsrats und des Mährischen Landtags. Es war maßgebend am Zustandekommen des Mährischen Ausgleichs von 1905 beteiligt.
Nur ein schmaler Streifen tschechischer Gemeinden trennte im Norden dieser großen deutschen Sprachinsel Hohenstadt von dem geschlossenen Siedlungsraum der Deutschen Nordmährens mit ihrem Hauptort Mährisch Schönberg. Die deutsche Besiedlung dieses Gebietes war hauptsächlich durch das Bistum Olmütz in die Wege geleitet worden. Der Erzreichtum der Vorberge des Altvatergebirges lockte viele Siedler an. Heute sind von dem einstigen Reichtum an Edelmetallen nur die Erinnerung und die Namen einiger Ortschaften übrig geblieben, zum Beispiel Goldenstein oder Rabenseifen. Als der Bergbau erlosch, blieb der Bevölkerung nur das, was sie dem kargen Boden abringen konnte. Der Flachsanbau war die Wurzel der Textilindustrie, sie verhalf den Städten des Vorlandes zu wirtschaftlicher Blüte.
Mährisch Schönberg war zunächst landesfürstliche Stadt, die später an das Geschlecht der Zierotin fiel, von denen sie sich freikaufte. Nach dem Dreißigjährigen Krieg geriet sie erneut in ein Untertanenverhältnis. Vor dem Hintergrund der urwüchsigen Bergwelt des Altvatergebirges mit den damals noch weit in die Talgründe hinabreichenden dichten Wäldern und im Zeichen des Aberglaubens der Zeit fanden in dieser Stadt Ende des 17. Jahrhunderts die berüchtigten Hexenprozesse statt. In der Stadt Mährisch Schönberg waren es 27 Frauen und Männer, sämtlich wohlhabenden Standes, die ihr Leben lassen mußten, im nahen Ullersdorf sogar 50.
Groß Ullersdorf, seit dem 19. Jahrhundert ein insbesondere von Brünnern gerne besuchtes Heilbad, ist durch sein Schloß, auf dem der regierende Fürst Franz Joseph II. von Liechten-

stein seine Jugendjahre verbracht hatte, und Franz Grillparzer mit der deutschen Literatur verknüpft; in Seilernschen Diensten als Hofmeister und Bibliothekar, hatte er auf seinen mährischen Reisen Schloß Ullersdorf besucht und hier beim Lesen historischer Quellen Anregungen für seine »Berta« in der »Ahnfrau« erhalten. In der Urfassung der »Ahnfrau«, deren Bild sich auf Schloß Ullersdorf befindet, ist der Geschlechtername Zierotin zu finden, bis 1804 Besitzer der Herrschaft und des Schlosses.

Nur wenige Kilometer oberhalb von Ullersdorf im Teßtal begegnen wir dem Schloß Wiesenberg. Besitzer dieser Herrschaft mit ausgedehnten Forsten im Altvatergebirge war die im 19. Jahrhundert für ihre Verdienste um den Bau der Ferdinands-Nordbahn von Wien nach Oderberg in den Adelsstand erhobene Familie Klein, die im nahen Zöptau bis in unser Jahrhundert ein Eisenwerk betrieb.

Es war ein schwerblütiger, aber musischer Menschenschlag mit Sinn für überliefertes Brauchtum, der hier im Blickpunkt des Altvaters lebte. Frauen und Mädchen trugen eine schmucke Haubentracht. In den Schulen wurden die Kinder frühzeitig zur Naturverbundenheit erzogen. Kein Wunder, daß die Eltern eines Franz Schubert, die beide aus dieser zauberhaften Gebirgswelt stammen, nicht nur in Wien ihrem Sohn Franz das musikalische Ahnengut ihrer Heimat weitergegeben haben, sondern auch mit den Volksweisen, die man in Neudorf am Fuße des Spieglitzer Schneeberges, oder drüben in Sudetenschlesien, woher die Mutter stammte, seit den Kinderjahren vertraut werden ließ. In der Musik Franz Schuberts klingt so manche der tiefempfundenen, vielleicht zuweilen etwas schwermütigen Melodien von dem Raunen der rauschenden Bächlein, falterumspielten grünen Wiesen, aber auch den rätselhaft dumpfen Urgewalten einer von Sagen umwobenen Landschaft an und von einer von Herzen kommenden Frömmigkeit, die im Jahreskreislauf des kirchlichen Lebens, zumal zur Weihnachtszeit, den Gefühlen freien Lauf ließ.

Oh du fröhliche ...

Wenn die Tage kürzer wurden und die Nächte schier nicht enden wollten, draußen Haus und Hof tief verschneit lagen und die Rudel von Hirschen und Rehwild näher an die Gehöfte zur Futterkrippe kamen, zog es die Menschen zur Krippe von Bethlehem hin und ließ sie das in irdischer Darstellung verkündete Heil der Geburt des Erlösers vor der Krippe in sich aufnehmen.

Wer diese Einheit von Natur in demütiger Frömmigkeit erleben wollte, der machte sich über tiefverschneite Wege und steilen, stapfenden Anstieg auf den Weg zu dem Kirchlein auf der Brünnlheide mit ihrer in Eis erstarrten Quelle, dem Heidebrünnl, um dort neben dem Gebet hoch über den sich in endloser Weite verlierenden Tälern der sudetendeutschen Heimat vielleicht die Volksweise aus dem benachbarten Schneeberggebiet zu summen:

»Und in dem Schneegebirge,
da fließt ein Brünnlein kalt.
Und wer das Brünnlein trinket,
wird jung und nimmer alt ...«

BILDERVERZEICHNIS

BILDNACHWEIS

AL: 102; Ascher Archiv: 103; A. Dattelzweig: 91; Bayerl: 115; Bergmann: 231; Brendel: 232; Deutsche Fotothek: 55, 58, 101, 113, 116, 119, 123, 124, 130, 131, 133, 136, 141, 151, 159, 162, 163, 165–169, 172, 177, 182, 189, 202; Gablonz, O.: 197, 198; Gewande: 158, 201, 207; Holle: 53, 59, 63, 66, 70, 71, 77, 84, 88, 89, 92, 100, 105, 107, 108, 114, 117, 126, 127, 134, 135, 138, 140, 145, 147, 149, 150, 161, 164, 170, 171, 183, 187, 192, 200, 209, 210, 212, 221, 222, 225, 230, 234–239, 241, 247, 251, 252, 255, 258; IAS: 186; Leubner: 194, 196; Löhrich: 64, 82, 97, 125, 128, 129, 139, 173, 195, 240; Marburg: 57, 67, 72, 78, 93, 99, 213, 253; Hans Michel: 142, 157; Möbius: 121, 178, Mähr.-Schles. Heimatmuseum: 218, 219, 242, 243, 245, 259, 264; Nowak: 86, 96, 98, 120, 129, 160; ÖNB: 56, 62, 65, 68, 132, 143, 174, 220, 248, 256, 261; Retzlaff: 204; Riedl: 208; Schmeil: 49–52, 216, 217, 223, 224, 226–229, 257, 262, 263; Schöning: 90, 106, 109, 111, 112, 122, 188, 199, 211, 249, 250, 254; Stoja: 94, 95; Sudt. Archiv: 60, 73–75, 104, 118, 144, 146, 179, 184, 215, 260; Schmitt-Glassner: 69, 152–156, 226; Verlag: 54, 61, 76, 79, 80, 81, 87, 137, 148, 175, 176, 190, 191, 203, 206, 214, 233, 244, 246; Wagner: 180, 185, 193; Zdiarsky, F.: 83, 85.

ZEICHNUNGEN

Blumentritt, Friedrich: 21; Charlemont, Hugo: 6; Enzmann, Eduard: 8; Geyer, Max: 29; Heinrich, Alfons: 41re; Jaksch, Franziska: 35; Krikawa, Karl: 10li; Mather, Rudolf: 14; Pörner, E.: 27, 32, 33, 42; Raida, Fritz: 39; Scholz, Ernst: 40; Schuster, Felix: 30, 31; Sperl, Lothar: 7; Zindel, Gustav: 41li; Anonym: 5–10re, 11li–13, 15–20, 22–26, 28, 34, 36–38, 43–45.

49 Die alte mährische Landeshauptstadt OLMÜTZ (bis 1641) war seit 1253 königliche Stadt und mit Magdeburger Recht ausgestattet. Nach dem Mongoleneinfall wurde die im Herzen Mährens liegende Stadt unter König Ottokar II. und Bischof Bruno von Schaumburg von deutschen Kolonisten neu besiedelt. Der beeindruckende gotische St. Wenzelsdom (unser Bild) geht auf einen romanischen Bau der Przemyslidenzeit zurück. Ende des 19. Jahrhunderts erhielt er seine heutige neugotische Gestalt. Bereits 1063 war Olmütz Sitz des seit dem Ende der sechziger Jahre des 9. Jahrhunderts bekannten »mährischen« Bistums geworden, 1777 wurde es zum Erzbistum erhoben. Neben dem Dom hat Olmütz zahlreiche weitere bedeutende kirchliche Bauwerke aufzuweisen: die spätgotische Mauritzkirche mit ihren unvollendeten Türmen, die die barocken Kirchen St. Michael und Maria Schnee sowie das Kloster Hradisch. Der bekannteste weltliche Bau der einstigen Landeshauptstadt ist das Rathaus.

50 Das gotische RATHAUS mit dem hohen Turm und der Renaissanceloggia wurde 1378 als Kauf- und Stapelhof erbaut. Die astronomische Kunstuhr stammt aus dem 15. Jahrhundert und ist ein Werk des Meisters Peter Pohl. Auf dem Oberring, dem schönsten Platz in Olmütz, befindet sich vor dem Rathaus eine der größten Dreifaltigkeitssäulen Europas, geschaffen von Wenzel Render und seinen Mitarbeitern. Bei der Weihe der sich stufenförmig nach den tektonischen Gesetzen der Pyramide aufbauenden barocken Monumentalsäule, die das Reich Gottes auf Erden versinnbildlicht, waren im Jahre 1754 Kaiserin Maria Theresia und ihr Gemahl Franz Stephan zugegen. Auf dem Oberring finden wir zahlreiche Adels- und Bürgerpaläste aus der Renaissance- und Barockzeit. Auch sie sind steinerne Zeugen deutscher und europäischer Kulturleistungen, auch wenn die deutsche Bevölkerung der Stadt Ende des 19. Jahrhunderts zu einer Minderheit wurde.

51 Die FRONLEICHNAMSKAPELLE im einstigen Jesuitenviertel an der Fronleichnamsgasse in Olmütz war nach Plänen von Johann Kniebandl zu Beginn des 18. Jahrhunderts an Stelle einer Synagoge erbaut worden; Kniebandl schuf auch die Pläne für das anschließende Konviktgebäude (1721–1724 errichtet). Glanzpunkte der wertvollen Barockausstattung der Kapelle sind die Fresken am Gewölbe aus dem Jahre 1723 von Johann Christoph Handke aus Johnsdorf bei Römerstadt. Die im selben Jahr entstandenen drei Altäre der Kapelle schuf der seinerzeit sehr begehrte Bildhauer Philipp Sattler aus Tirol.

52 Die große barocke Kuppelkirche Mariä Heimsuchung auf dem HEILIGEN BERG in 382 m Höhe liegt auf einer Erhebung in der Ebene um Olmütz. Sie wurde 1670–1690 von Giovanni Pietro Tencala in Anlehnung an die Kirche St. Maria Major erbaut; sie trat an die Stelle einer 1629–1633 durch einen Olmützer Bürger errichteten, von den Schweden 1645 zerstörten Kirche. Im ersten Drittel des 18. Jahrhunderts wurde der Innenraum neu gestaltet. Der Heilige Berg mit seinem Prämonstratenserkloster war und ist neben Kloster Welehrad der bekannteste Wallfahrtsort Mährens.

53 An einem Eck des Marktplatzes in KREMSIER steht das ehemalige Piaristen-Kollegium. 1687 errichtet, war es später Franziskanerkloster. Der wuchtige Kuppelturm gehört zu der barocken Kirche St. Johannes des Täufers. Die Stadt am Fuße des Marsgebirges in der weiten, fruchtbaren Ebene der Hanna war Sommerresidenz der Olmützer Erzbischöfe, für die Giovanni Pietro Tencala ein frühbarockes Schloß erbaute. Die durch den Reichstag von Kremsier 1848/49 in die Geschichte eingegangene Stadt hatte noch bis zum Ende des 19. Jahrhunderts eine mehrheitlich deutsche Bevölkerung.

54 Die WISCHAUER TRACHT gehört zu den farbenprächtigsten und ältesten im deutschen Sprachraum. Die Wischauer Sprachinsel um die drei Städte Wischau, Butschowitz und Austerlitz im Süden Mährens entstand im 13. Jahrhundert durch Siedler aus Nordtirol und Südbayern, die es als Bauern und Handwerker im Laufe der Jahrhunderte zu Wohlstand gebracht und an ihrem Brauchtum festgehalten hatten. Ihre Tracht, die sich auch nach der Vertreibung bis in unsere Tage erhalten hat, ist ein bildhafter Ausdruck dieser bäuerlichen Lebensgemeinschaft. Ganz besonders farbenprächtig und kostbar war die Frauentracht, die aus folgenden Einzelteilen besteht: Kopftuch, Halskrause, Mieder, Jacke, gestärkte Festschürze mit Spitzen, Rock, gestrickte Schürzenbänder, gestickter Schürzen- und Rockbund, rote Strümpfe und Sonntagsschuhe, die um den Absatz einen rotledernen Rahmen hatten. Weit weniger aufwendig war dagegen die Männertracht.

55 Das Schloß der Grafen Kaunitz in AUSTERLITZ nahe bei Brünn ist ein spätbarockes Kleinod, von Domenico Martinelli in den Jahren 1700 bis 1769 erbaut und von Andrea Lanzani mit prachtvollen Deckenmalereien ausgestattet, im 18. Jh. erweitert. Der Ort war bis zu den Hussitenkriegen eine Zweigniederlassung des Deutschen Ordens und hatte seit dem 13. Jahrhundert eine große jüdische Gemeinde. Durch die sogenannte Dreikaiserschlacht mit dem Sieg Napoleons am 2. Dezember 1805 ist Austerlitz in die Weltgeschichte eingegangen. Im Schloß wurde der Waffenstillstand unterzeichnet.

56 Um den Spielberg, einst Sitz der Markgrafen von Mähren, breitet sich die Stadt BRÜNN aus. Bereits im 11. Jahrhundert gab es hier eine Burg. Im Laufe der Zeit entwickelte sich die Stadt dank ihrer günstigen Lage zu einem wirtschaftlichen und kulturellen Mittelpunkt und wurde 1641 mährische Landeshauptstadt. Dazu trug auch die Nähe der Kaiserstadt Wien bei, deren Bewohner Brünn zu Unrecht als Vorort betrachteten. Breite Ringstraßen und Parkanlagen zeichnen diese einst vorwiegend deutsche Stadt aus, in der es erst seit dem Jahre 1919 eine tschechische Mehrheit gab.

57 Für den damaligen Unteren Markt in Brünn schuf Georg Gialdi 1591 den VIER-ELEMENTE-BRUNNEN, den 1693 der heimische Bildhauer Ignaz Bendel barock umgestaltete. Die männlichen Gestalten symbolisieren die beiden Flüsse Brünns, die unterhalb der Stadt zusammenfließen, Schwarza und Zwitta. Zwischen sie stellte der Schöpfer des Brunnens eine Nymphe und obenauf den Gott der Kaufleute, Merkur. Heute steht der Brunnen im sogenannten Bischofshof des Landesmuseums. Darüber der Dom, St. Peter und Paul geweiht, der seine neugotischen Türme erst im 20. Jahrhundert erhielt; er war von den Schweden zerstört und barock umgebaut worden. Das 1816 gegründete Mährische Landesmuseum (ehemals Franzensmuseum) birgt reiche naturwissenschaftliche, archäologische und volkskundliche Sammlungen.

58 An Stelle des alten Herburger Nonnenklosters in der Jesuitengasse in Brünn erbaute 1589 bis 1602 Georg Gialdi, selbst ein Bürger der Stadt, als stilreinen Renaissancebau die JESUITENKIRCHE »Zur Himmelfahrt Mariens«. Die große Gönnerin dieser Kirche, Helene Berk von Dub und Lipa, ließ durch Vermittlung ihres spanischen Ehegatten von Baldissera d'Ana acht Szenen aus dem Marienleben zur Ausgestaltung der Kirche malen. Das Deckengemälde schuf der Prager Felix Anton Scheffer 1739 bis 1755, der Hochaltar aus dem Jahr 1735 ist ein Werk des heimischen Bildhauers Johann Georg Schauberger, und die Stuckverzierungen sind von Tobias Süßmayer. Das Renaissancechorgestühl und das Orgelgehäuse stiftete Gräfin Franziska Leslie, geb. von Dietrichstein, und ließ sie von dem in Brünn wirkenden Bildhauer Anton Riga gestalten. Das Äußere der Kirche erhielt 1671 durch den Anbau der Franz-Xaver-Kapelle und den Turm des Brünners Anton Eitelsberger seine heutige Gestalt. Die Jesuitenkirche zählt zu den prächtigsten Kirchenbauten der an Kunstschätzen so überreich gesegneten Landeshauptstadt Brünn.

59 Die zweitürmige Gruftkirche im Chor der im Jahre 1784 durch Brand zerstörten Anna-Kirche in NIKOLSBURG entstand 1844 bis 1856 im spätklassizistischen Stil unter Fürst Franz Josef von Dietrichstein, dessen Vorfahren im Jahre 1575 die Herrschaft Nikolsburg erworben hatten. Die Christusstatue in schwebender Haltung auf einer Wolke oberhalb des Kirchenportals schuf Professor Käßmann aus Wien, die Engel zu ihrer Seite sowie die Statuen in den Nischen des Portals (hl. Petrus und Paulus) stammen noch aus der Annakirche. Im Hintergrund die Wallfahrtskirche Heiliger Berg.

60 Die barocke Steinfigur der altrömischen Göttin der Baumfrüchte Pomona ziert den Brunnen am STADTPLATZ von Nikolsburg. Vor der Schaffung der Wasserleitung war der Brunnen, aus dessen vier Röhren ständig Wasser floß, ein vielbesuchter Ort der Begegnung und des Austausches von Neuigkeiten. Mit der neuen Wasserleitung wurde er überflüssig; er wurde mit Erde gefüllt und bepflanzt. Durch das Tor am Ende des Stadtplatzes führt der Weg in Windungen durch mehrere Höfe und Tore zu dem am höchsten Gipfel des Felsens gelegenen Dietrichstein-Schloß. Es entstand an Stelle einer gotischen Burg aus dem 13. Jahrhundert und erhielt zu Beginn des 18. Jahrhunderts unter Fischer von Erlach und Alexander Oedtl seine barocke Gestalt. Der hohe Turm an der Nordseite zeigt eine Schlaguhr sowie drei Zifferblätter und ist mit einem 1783 unter Johann Carl von Dietrichstein errichteten Blitzableiter versehen. Das Schloß mit seinem Weinbaumuseum wurde gegen Kriegsende ein Raub der Flammen, ist aber heute wiederhergestellt.

61 In der fruchtbaren Ebene am Rande des Steinitzwaldes südlich von Brünn liegt AUSPITZ. 1572 erhob Maximilian II. den inmitten eines ausgedehnten Weinbaugebietes gelegenen Markt zur Stadt. Auch das Stadtwappen, das neben einem Winzermesser eine Weintraube auf einem Ast zeigt, weist auf den seit dem frühen Mittelalter gepflegten Weinbau hin. Wiedertäufer und Böhmische Brüder hatten im 16. Jahrhundert in Auspitz ihre Stützpunkte. Die spätgotische St. Wenzelskirche, die später umgebaut wurde, und alte Bürgerhäuser im Renaissancestil wie das abgebildete spätgotische Rathaus am Markt spiegeln den gediegenen Wohlstand dieses Handelsplatzes für landwirtschaftliche Erzeugnisse wider, der seit dem 13. Jahrhundert von Deutschen besiedelt war. Auspitz war auch durch seine Pferdemärkte weit über Südmähren hinaus bekannt. Die deutsche Piaristenschule der Stadt hat der spätere tschechoslowakische Staatspräsident T. G. Masaryk besucht.

62 Auf einer nach drei Seiten abfallenden Felsnase, die sich in den Mündungswinkel des Granitzbaches und der Thaya vorschiebt, steht die Burg von ZNAIM, die im 11. Jahrhundert zu einer der bedeutendsten Grenzbefestigungen der Przemysliden ausgebaut wurde. Die innerhalb der Burg entstandene Ansiedlung erhob König Ottokar I. zur königlichen Stadt Znaim. 1710 wurde die abgebrannte Feste baulich erneuert, diente zunächst als Krankenhaus-Kaserne und wurde 1921 Museum. Die Aufnahme zeigt die Burg zu Beginn unseres Jahrhunderts vom rechten Thayaufer aus.

63 Das unter den Przemysliden entstandene Znaim, im wesentlichen der Stadtbereich zwischen Altstadt und Unterem Platz mit seinen schmalen, gedrängten Gassen hat sein gotisches Gepräge bis in unsere Tage erhalten. Die Füttergasse führt vom Unteren zum Oberen Platz. Hier steht nicht nur das Rathaus der Stadt mit dem markanten Turm von Niklas von Edelspitz (1445–1448 erbaut), auch viele verträumte Innenhöfe begegnen dem Besucher. Auch der Hof des HAUSES NR. 7 in der Füttergasse erinnert mit seinem auf einem gotischen Gewölbe gebauten Renaissanceumgang an die stolze Vergangenheit dieser mährischen Grenzmark. Kaiser Karl IV. vermählte hier 1335, damals noch als Markgraf von Mähren, seine Schwester Anna mit Herzog Otto von Österreich und schloß in Znaim 1336 den Erbfolgevertrag zwischen den Luxemburgern und den Habsburgern.

64 Umgeben von einigen schmucken Bürgerhäusern aus dem 16. und 18. Jahrhundert, steht inmitten des Unteren Platzes in Znaim, der die Form eines schmalen, ansteigenden Rechtecks mit fast 350 Metern Seitenlänge hat, eine barocke MARIENSÄULE. Sie trägt die Inschrift: »Verlobt im Jahr 1679, wegen schwerer obhandener Pest und Feuersbrunst von dieser königlichen Stadt Znaim.« Auf dem anderen Ende des Platzes befinden sich ein alter Steinbrunnen und die Kapuzinerkirche, dem heiligen Johannes dem Täufer geweiht und von Kaiser Ferdinand I. 1628 anläßlich eines Landtages gestiftet. Hier, auf dem Marktplatz, herrschte bis zum Ersten Weltkrieg täglich im Sommer ein lebhaftes Treiben, wurden doch nicht nur die berühmten Znaimer Gurken angeboten, die später den Weg in die Konservenfabriken fanden, sondern die gesamte reichhaltige Palette landwirtschaftlicher Erzeugnisse aus dem gesegneten Thayaland.

65 Auf einer absteigenden Hangzunge, die die Thaya zwingt, sie von drei Seiten zu umfließen, liegt FRAIN an der Thaya. In nahezu 150 m Höhe über dem Thayafluß steht auf steilem Fels der Barockbau des Schlosses, der unter den Grafen Althan vom Ende des 17. bis zum Ende des 18. Jahrhunderts nach Plänen Johann Bernhard Fischer von Erlachs auf Resten einer alten Burg aus dem 11. Jahrhundert entstanden war. In der Nähe von Frain wurde zu Beginn der dreißiger Jahre eine der größten Talsperren Mitteleuropas errichtet, deren Stausee eine Länge von 30 km erreichte.

66 An der Zweigung zweier wichtiger früherer Verkehrswege, der Straße aus dem Thayatal nach Südböhmen und Iglau und der alten Straße von Wien nach Prag, liegt die Stadt ZLABINGS, die im 16. Jahrhundert ihren wirtschaftlichen Höhepunkt als Tuchmacherstadt erreichte. Auf einem langgestreckten Marktplatz finden wir viele Bürgerhäuser mit reichem Sgraffitoschmuck an den Häuserfronten und mit Giebeln in wechselnden Stilformen. Sie erinnern an den Gewerbefleiß und Wohlstand der Bürger. Der noch erhaltene mittelalterliche Stadtkern steht heute unter Denkmalschutz.

67 Dicht gedrängt reihen sich auf dem langen Platz mit dem Brunnen die von Barock und Renaissance geprägten Bürgerhäuser mit Laubengängen und Giebeln in der mährischen Stadt TELTSCH, begründet im 14. Jahrhundert in der Nähe einer älteren Ansiedlung in sumpfigem Gelände, das kultiviert und in eine Teichlandschaft verwandelt wurde. Das verträumte Städtchen südlich von Iglau war einst eine deutsche Siedlung; nach der Hussitenzeit gewann das tschechische Element die Oberhand. Teltsch, heute eine »Denkmalsreservation«, besitzt ein kunsthistorisch wertvolles Schloß.

68 Der Blick vom Turm der Stadtkirche St. Jakob in IGLAU über das Rathaus und die Jesuitenkirche St. Ignaz reicht weit in die Hügellandschaft der Böhmisch-Mährischen Höhe hinein. Die durch ihren Silberbergbau reich gewordene Stadt war Mittelpunkt der Iglauer Sprachinsel. König Wenzel I. bestätigte im Jahre 1243 das Iglauer Bergrecht, das zur Grundlage des Rechts der Bergstädte in den Sudetenländern wurde. Es war vom Notar und Bergschreiber zu Kuttenberg, dem Sekretär und Registrator Karls IV., Johannes von Gelnhausen, vom Lateinischen ins Deutsche übertragen worden. Auf dem Stadtplatz zu Iglau wurden 1436 feierlich die Baseler Kompaktaten verkündet, die die Hussitenkriege beendeten. Als im 16. Jahrhundert die Silberförderung verfiel, blühte in der Stadt die Tuchweberei und mit ihr eine reiche Zunfttradition. Ähnlich wie in Nürnberg hatte die Stadt eine Bruderschaft der Meistersinger und eine Meistersingerschule. Vom mittelalterlichen Brauchtum ist die Tradition des »Iglauer Berghäuerzugs« auch über die Vertreibung hinweggerettet worden.

69 Der Blick vom prächtigen Neptunbrunnen auf die barocke St. Ignazkirche zeigt nicht das gewaltige Ausmaß des HAUPTPLATZES der Stadt Iglau, auf dem die beiden Bauwerke stehen. Die einst königliche Bergstadt besitzt einen der größten Marktplätze Europas; vom anderen Ende des Gevierts aus nehmen sich die steilen Spitztürme der Jesuitenkirche St. Ignaz beinahe verloren aus. Die Kirche wurde in den Jahren 1680 bis 1689 von Giovanni Jacopo Brascha um das ehemalige Jesuitenkolleg erbaut und besitzt kostbare Fresken von Karl Franz Töpper. Vom Marktplatz, am Neptunbrunnen vorbei, der von dem aus Kremsier stammenden Bildhauer Wenzel Prchal erbaut wurde – auf der Abbildung nicht einzusehen – führt die Frauengasse zum einzigen erhaltenen der vier Stadttore, dem »Frauentor«. Auf dem Marktplatz vor der Ignazkirche traf sich die Landbevölkerung zu den Wochenmärkten. Die Stadt und die 70 Sprachinseldörfer in der Umgebung zählten über 30000 Einwohner.

70 In einem Tal am Frauenbach liegt RIEGERSCHLAG, das nördlichste Pfarrdorf des Kreises Neuhaus. Der Ort war von Ansiedlern aus der Wildnis gerodet und urbar gemacht worden. Die Kirche der Pfarrgemeinde ist den Heiligen Petrus und Paulus geweiht. Sie wurde im Jahr 1642 von Adam Paul Graf Slawata erbaut, brannte aber im Jahr 1665 vollkommen nieder. Der derzeitige Kirchenbau stammt aus dem 18. Jahrhundert. Auf dem Kirchenvorplatz stehen zwei über 600 Jahre alte Linden. Der Ort war bis zur Vertreibung seiner 900 deutschen Einwohner ein Bauerndorf.

71 Auf einem alten Handelsweg, der aus der Raaber Gegend über Zlabings nach Platz führte, entstand im 13. Jh. eine Burg, die im 16. und 17. Jh. im Renaissancestil umgebaut und erweitert wurde. Aus dieser Zeit stammt der Innenhof des Schlosses NEUBISTRITZ, der im Südteil des Hoftraktes einen Arkadenumgang mit toskanischen Säulen aufweist. In der 2. Hälfte des 17. Jh. wurde der Westtrakt barockisiert und in unserem Jahrhundert für einen zeitgemäßen Wohnbedarf umgestaltet. Unweit des Schlosses steht die gotische Dekanalkirche von Neubistritz (östlicher Teil 14. Jh.).

72 Schloß NEUHAUS bei Neubistritz ist ein mit der mythologischen Schloß-Sage von der Weißen Frau verknüpfter mittelalterlicher Bau, der im Laufe der Jahrhunderte verschiedene Stilelemente übernahm. Das Schloß gehörte zum Herrschaftsbereich der Rosenberger. Berta von Rosenberg, verehelichte und verwitwete Liechtenstein, soll vor ihrem Tod die weiße Witwentracht angelegt haben und in dieser Gestalt der »Weißen Frau« in die volkstümliche Überlieferung eingegangen sein. Hier regierte bis zu seinem Aussterben im Jahr 1604 das Geschlecht derer von Neuhaus.

73 Auf dem rechten Moldauufer erhebt sich auf einem Felsvorsprung das Stift HOHENFURTH. Das an Kunstschätzen so reiche und mit einer wertvollen Bibliothek ausgestattete Stift gründete 1259 Wok von Rosenberg durch Mönche aus dem oberösterreichischen Stift Wilhering an der Donau. Das Bild zeigt das Stift mit Holzflößen im Vordergrund. Die Flößerei mit Prahmen begann auf der Moldau beim Dorf Humwald; um das Wasser zusammenzutreiben und die Holzschwemme zu erleichtern, wurden von Hohenfurth bis unterhalb Krummaus Steindämme im Flußbett angelegt.

74 Am Ostende der Stadt GRATZEN, zwischen der Straße nach Naglitz und der nach Wittingau, liegt das Neue Schloß, ein zweistöckiger, klassizistischer Bau. Es entstand 1801–1810 am Südende eines im Stil des Englischen Gartens angelegten Parks unter Graf Johann von Buquoy, der ein modernes Schloß als Wohnsitz für seine Familie errichten wollte. Im 19. Jahrhundert herrschte hier ein reges Musikleben. Eine Beschreibung des Neuen Schlosses in Gratzen könnte Mörike Anregungen für den Schauplatz seiner Novelle »Mozart auf der Reise nach Prag« gegeben haben.

75 Von der Pflanzener Straße im Osten geht der Blick auf das Städtchen KAPLITZ. Die Siedlung verdankt ihre Entstehung und Entwicklung ihrer günstigen Lage an dem im frühen Mittelalter wichtigen Steig von Böhmen nach Österreich. In den Nadelwäldern, die Kaplitz ringsum säumen, ruhen die Ruinen einst stattlicher Burgen. Im Vordergrund die gotische St.-Peter-und-Paulskirche, die ihren Ursprung im 13. Jh. hat und nach einem Brand zu Beginn des 16. Jh. erneuert wurde. Hier wirkte der Schulreformer Ferdinand Kindermann als Pfarrer, bevor ihn Maria Theresia an den Wiener Hof berief.

76 In der Nähe von Oberplan liegt am rechten Moldauufer die Streusiedlung VORDERSTIFT mit ihren für die Landschaft so typischen wuchtigen Vierkanthöfen. Die Siedlung wurde vom Kloster Goldenkron gegründet. Ihr ursprünglicher Name war Schöneck. In Vorderstift befindet sich die Bahnstation für Oberplan. In dieser Heimat Adalbert Stifters zeichnet die Moldau ihr berühmtes Herz in die Böhmerwaldwiesen; das Landschaftsbild gab dem aus Draxlmühle stammenden Dichter Anton Wallner die Anregung zu bewegenden Dichtungen und zu dem Heimatlied »Af d' Wulda«.

77 An der Südseite des Plansker Waldes, wo die Moldau in ihrem engen, bergumsäumten Oberlauf drei Krümmungen bildet, deren Schlingungen sich fast berühren, begegnen wir auf einem steilaufragenden Fels dem mehrere Steinbauten und Höfe umfassenden Schloß KRUMMAU mit seinem etwas abseits thronenden Turm, den eine Säulengalerie schmückt und eine kupferne Kuppel deckt. Viele Generationen bauten an diesem Schloß: Baumeister der Gotik, der Renaissance, des Barock und Rokoko. Schloß und Herrschaft Krummau wurden im Jahre 1602 von Kaiser Rudolf II. erworben. Seit Anfang des 18. Jahrhunderts gehörte der Besitz den Fürsten Schwarzenberg. Die dem Burgfelsen sich anschmiegende Stadt Krummau verdankt ihre Entstehung dem Geschlecht der Witigonen. Sie hat, in einem engen, ringsum von Wald umgebenen Talkessel gelegen, ihren altertümlichen Charakter bis in unsere Tage erhalten.

78 Der Überlieferung nach soll GOJAU bei Krummau die älteste Kirche des Umlandes haben, die bereits 1255 erbaut worden sein soll. In der zweiten Hälfte des 13. Jahrhunderts war der Böhmerwald Schauplatz einer regen Kirchenbautätigkeit. Die Kirche von Gojau zeigt viele Baumerkmale, die für die Kirchen aus dieser Zeit typisch sind. Der barocke Kupferhelm allerdings, der heute noch den Turm krönt, wurde erst 1692 aufgesetzt, nachdem ein Blitzschlag den alten Turm beschädigt hatte. Eine Schöpfung des 18. Jahrhunderts ist die ehemalige Friedhofskapelle, die später der hl. Theresia geweiht wurde. Von großem kunsthistorischem Wert ist die aus dichten Quadern erbaute Entschlafungskapelle mit ihren spätgotischen Reliefschnitzereien und aus dem 13. Jahrhundert stammenden Fresken. Der Wallfahrtsort Gojau, der älteste und berühmteste des Kreises, ist der Sage nach vom hl. Wolfgang gegründet worden. Dreißigtausend bis vierzigtausend Pilger besuchten ihn alljährlich.

79 Der quadratische Ringplatz in BUDWEIS mit über 5000 qm Fläche ist einer der schönsten in Böhmen. Er spiegelt eine Stadtkultur wider, die nur wenige Städte Mitteleuropas aufzuweisen haben. Der von dem Budweiser Steinmetz Josef Dietrich geschaffene Brunnen in der Mitte des Platzes stellt den Löwentöter Samson auf einer Muschel dar, die vier Atlanten tragen. Das weitläufige Rathaus mit seinen drei Türmen wurde von Anton Erhardt Martinelli in den 20er Jahren des 18. Jahrhunderts barock umgestaltet. Unter dem Fries an der Frontseite befinden sich die Wappen Böhmens, Mährens, Schlesiens und der Stadt. Die Balustrade zieren vier allegorische Figuren. Im Zusammenfluß von Maltsch und Moldau entstand unter König Ottokar II. diese deutsche Siedlung, die dank ihrer Verkehrslage bald zu einem Mittelpunkt des Handels in südböhmen wurde. Mit dem berühmten Bier hat die Industriestadt Budweis ihren Namen in der ganzen Welt bekannt gemacht.

80 Wer würde nicht beim Betrachten dieses, eine zauberhafte Stille widerspiegelnden, dunklen Sees an Stifters Novelle »Hochwald« erinnert? Man sieht hier, um mit Stifter zu reden, überall gewaltige Felsen niederstürzen und die benachbarten Wälder zu einer Nische zusammengehen, auf deren Grund am Saume eines Gewirrs hinabgestürzter und bleichender Baumstämme ein ruhiges, starres, schwarzes Wasser liegt, jenseits von einem schmalen, dunklen Waldband gesäumt: der PLÖCKENSTEINSEE. In der Nähe, auf der Seeplatte (1311 m), steht das Denkmal des Dichters.

81 Der mächtige Bergzug mit den Felsengipfeln Plökkenstein, Hochstein und Dreisessel bildet die Wasserscheide zwischen Moldau und Donau. Der Name Dreisessel ist erst im 17. Jahrhundert aufgekommen. Er wurde zunächst nur für die merkwürdige, drei gewaltigen Sesseln ähnliche Felsengruppe gebraucht, bald aber auch für den ganzen Berg, dessen höchster Gipfel der Plöckenstein ist. Hier, in unmittelbarer Nähe des felsgetürmten Hauptgipfels, verlief einst die Landesgrenze zwischen dem reichsunmittelbaren geistlichen Fürstentum Passau und dem Königreich Böhmen. Die eigenartigen Felsformationen sind Reste eines ausgewitterten gewaltigen Granitrückens. Die bedeutendsten sind der Dreisesselfelsen und der abgebildete HOCHSTEIN (1332 m), von dem die Sicht weit nach Osten reicht. Hinter den Wäldern des Böhmerwaldes sind von hier aus einige Orte, darunter Wallern, zu erspähen.

82 Schier endlos breiten sich über mächtigen Gebirgsrücken die dunklen Nadelwälder des hohen Böhmerwaldes aus, wie hier der Blick vom Rachel (1425 m) zum Dreisesselberg (1312 m) zeigt. Unten ruht in der Stille der RACHELSEE. Hier hat die unberührte Natur noch Vorrang; sie hat auch die Menschen geprägt: die naturverbundenen Böhmerwäldler, die in ihrer urwüchsigen Art dem Vermächtnis der Ahnen treu blieben, die vor Jahrhunderten gekommen sind, um in harter Arbeit die Siedlungen am Rande der undurchdringlichen Urwaldlandschaft in eine Kulturlandschaft zu verwandeln.

83 PRACHATITZ,
in einem von waldreichen Bergen umschlossenen fruchtbaren Talkessel gelegen, verdankt seine Entstehung der Lage am Endpunkt des bedeutendsten historischen Handelsweges von Bayern nach Böhmen, dem »Goldenen Steig«, und ihren Reichtum dem Salzhandel. Bereits 1323 wurde dieser alte Handelsplatz zur Stadt erhoben. Das Stadtbild wird von der Jakobskirche mit der krönenden Kuppel ihres Turmes beherrscht, der 1832 nach einer Feuersbrunst, der fast ganz Prachatitz zum Opfer gefallen war, neu auf den frühgotischen Kirchenbau aufgesetzt wurde. Im Hintergrund im Süden erkennen wir die Silhouetten der dichtbewaldeten Höhenzüge des Libins und Schwarzberges. Prachatitz mit seinen gut erhaltenen Stadtmauern, Zinnen, Türmen und Stadttoren steht heute unter Denkmalschutz.

84 Im Herzen des Böhmerwaldes, in einem anmutigen Tal am südlichen Fuße des Schlösselberges, der einen verfallenen Turm, die Kunzwarte, trägt, finden wir KUSCHWARDA. Ursprünglich hieß die alte Ansiedlung von Säumern und Waldleuten »Bärenlochhäuser«. Durch den regen Verkehr am »Goldenen Steig« und durch die vielen zu Ende des 17. Jahrhunderts betriebenen Glashütten wuchs der Ort und erhielt 1735 seinen neuen Namen, nachdem er im Volksmund nach einer Sage von der Ruine Kunzwarte längst so genannt wurde. 1838 ist Kuschwarda zum Markt erhoben worden.

85 Das Studentenheim in PRACHATITZ (1904/05 eröffnet) ist ein dem italienischen Renaissance-Stil nachempfundenes Gebäude. Es liegt am Südende der Stadt an der historischen Straße, die sich nach Pfefferschlag hinaufwindet (Goldener Steig), in der Nähe des 1897 eröffneten neuen Gymnasiums. Die Aufnahme zeigt den Bau in einer winterlichen Böhmerwaldlandschaft. Im Vordergrund sehen wir Arbeiter beim Sägen der schweren Eisplatten, die in Kühlhäusern gestapelt wurden und bis weit in den Sommer hinein die begehrte Kühlung für Brauereien und Gaststätten lieferten.

86 Aus einer Bergwerkssiedlung des 13. Jahrhunderts erwuchs BERGREICHENSTEIN, dank seiner Lage an der Passauer Straße, dem »Goldenen Steig«, aber auch dank des Goldabbaus, zu einer bedeutenden Ansiedlung, die unter Rudolf II. im Jahre 1356 königliche Bergstadt wurde. Aus dieser Zeit des Wohlstands stammen das Rathaus, ein später barockisierter Renaissancebau, die gotische Friedhofskirche und die Pfarrkirche. Im 19. Jahrhundert entstanden Glashütten und optische Betriebe in der Umgebung. Die Aufnahme zeigt die Stadt vor dem Hintergrund des Böhmerwalds.

87 Von der stolzen Vergangenheit BERGREICHENSTEINS ist auf diesem Straßenbild, das uns den Charakter einer typischen Böhmerwaldgemeinde mit den ebenerdigen gemauerten Gebäuden und den aufgesetzten, weit vorgebauten schindelgedeckten Dächern anschaulich vor Augen führt, nicht mehr viel zu sehen. Nach dem Versiegen des Bergbaus und dem allmählichen Versickern der Handelspfade, die modernen Verkehrswegen wichen, wandte sich die Bevölkerung Bergreichensteins dem Landbau und dem Handwerk zu, das aus dem Holzreichtum des Böhmerwaldes schöpfte.

88 Auf dem schmucken Ringplatz des an den sich abflachenden Höhen des Böhmerwaldes gelegenen Städtchens BISCHOFTEINITZ steht eine im 13. Jahrhundert entstandene Kirche; sie stammt aus einer Zeit, da der Ort noch ein wichtiger Handelsplatz auf dem Weg von Bayern nach Böhmen war. Der Name der Stadt, in deren Nähe der Dichter des »Ackermann aus Böhmen«, Johannes von Saaz, zur Welt kam, ist von den bischöflichen Besitzern in Regensburg und Prag abgeleitet. Nach dem Versiegen des Handelsumschlags wandte sich die Bevölkerung Landbau und Viehzucht zu.

89 Schloß Bischofteinitz ist ein architektonisches Kleinod aus der Mitte des 16. Jh., als die Elemente der lombardischen Kunst von einheimischen Meistern übernommen wurden. Der abgebildete Ostflügel, der seine Hauptfront dem Marktplatz zuwendet, zeigt wertvolle Sgraffitos. Aus dem Besitz der Lobkowitz, Böhmens Oberstburggrafen, kam das Schloß nach dem böhmischen Aufstand 1618 in die Hand der Trautmannsdorff. Es wurde Ende des 16. Jh. und noch einmal 1770 umgebaut. Um diese Zeit entstand der Park mit Wildgehege. Seine heutige Gestalt erhielt das Schloß um 1880.

90 Die Stadtkirche von TACHAU an der Mies stammt aus dem 14. Jh.; sie wurde von König Johann dem Kreuzherrenorden übergeben. Als Zollstätte zu Bayern und Grenzort, der zudem an der wichtigen »Goldenen Straße« von Prag nach Nürnberg lag, erreichte die Stadt unter den Luxemburgern eine hohe Blüte. Hussitensturm und die Wirren des Dreißigjährigen Krieges, dem auch das alte Dominikanerkloster zum Opfer fiel, haben jedoch die Stadt gezeichnet. Im 19. Jahrhundert nahm sie durch die Perlmutt- und Holzindustrie und den Anschluß an eine Lokalbahn neuen Aufschwung.

91 Auch im Egerland wurde, wie in jeder Landschaft, in der das Bauerntum überwog, eine Volkstracht getragen. Sie ähnelte – wie Goethe schon festgestellt hatte – der Tracht im Altenburgischen, jenseits der böhmischen Grenze. Besonders die Frauentrachten aus der Gegend von Tachau–Plan–Haid (Südegerländer Tracht) zeichnen sich durch prächtige Hauben aus, wobei die bäuerliche Haubentracht von jener der Bürgerfrauen aus Haid etwas abwich; deren Hauben wiesen mitunter auch reichen Goldschmuck auf. Zu den Besonderheiten gehörten die Flinnerlhaube der Jungmädchen des Tachau-Haidaer Gebietes und das Glocken-Pendel der Mädchen- und Brauttracht, ein zum Stirnreif versteiftes schwarzes Samtband mit freibeweglichen feuervergoldeten Messingblättchen (Läubeln). Das Glocken-Pendel, auch heute noch in der schwedischen Volkstracht verbreitet, verblieb stets am Hof und wurde der einheiratenden Braut weitergegeben. Als Umhangschmuck trugen Frauen und Mädchen prächtige Halsgehänge mit Silbertalern, Kreuzeln und Rosetten in Filigranarbeit.

92 Sein heutiges Aussehen hat STIFT TEPL im 17. Jh. erhalten. Es war 1193 als Prämonstratenserstift gegründet worden und überstand viele Heimsuchungen durch Kriegsnöte und Feuersbrünste. Ein romanisches Portal schmückt den gotischen Kirchenbau, der um 1700 seine barocken Türme erhielt. Im Anschluß an die Kirche der von Abt Gilbert Helmer erbaute Bibliothekstrakt mit 80000 wertvollen Bänden, Inkunabeln und Handschriften, so dem Codex Teplensis, einer Bibelübersetzung um 1400. Von hier aus wurde im 19. Jh. der Kurort Marienbad gegründet.

93 Die Hallenkirche des Stiftes Tepl stammt noch aus der Zeit des Gründers des Prämonstratenserstiftes, Hroznata, und ist damit eine der ältesten in Böhmen. Der romanische Bau zeigt Übergänge zur Frühgotik, die Innenausstattung aus dem 18. Jahrhundert ist barock. Der Blick von Osten in das Hauptschiff, auf den durch ein Gitter getrennten Hochaltar mit dem Bild Mariä Verkündung, zeigt zu beiden Seiten kostbares Chorgestühl. An der künstlerischen Ausschmückung der STIFTSKIRCHE waren eine Reihe bekannter Barockkünstler beteiligt, darunter der Bildhauer Ignaz Platzer; den Hauptaltar schuf der Steinmetzmeister Josef Lauermann, das Altarbild ist ein Werk des Malers Peter Molitor aus dem Jahr 1753. Im linken Seitenschiff der Kirche befindet sich der vergoldete Schrein mit den Gebeinen des seligen Hroznata, die bis 1898 in einem Steinsarg vor dem Hauptaltar ruhten. In dem Museum des Stiftes befinden sich die von Goethe und dem Egerer Stadtsekretär Grüner angelegte Gesteins- und Mineraliensammlung, die Goethe 1822 dem damaligen Prior des Stiftes geschenkt hatte, sowie weitere wertvolle Sammlungen.

94 Das weltberühmte Heilbad MARIENBAD wurde vom Kloster Tepl unter Abt Karl Reitenberger (1779–1860) und mit Unterstützung des Arztes Josef Nehr im Jahr 1805 gegründet. Die kalten Heilquellen des Bades waren schon lange bekannt, aber erst 1749 wurde die erste Quelle gefaßt. Der klassizistische Brunnentempel des Ferdinandsbrunnens entstand hundert Jahre später, zu einer Zeit, da auch die Mariä Himmelfahrtskirche errichtet wurde, von der aus der Blick zum Ferdinandsbrunnen, dem Kurhaus und zum Neubad geht. Das Wasser des Ferdinandsbrunnens wurde von der abseits liegenden Quelle hinauf zur Kolonnade gepumpt. Beim Ferdinandsbrunnen befindet sich das einzigartige quellentechnische Museum. Das Kurhaus mit dem Kursaal und das Neubad – beide klassizistischen Prachtbauten entstanden vor der Jahrhundertwende – sind kennzeichnend für den repräsentativen Stil Marienbads.

95 Das Bild der Kurstadt Marienbad spiegelt den Geschmack und die Stilform der zweiten Hälfte des vergangenen Jahrhunderts wider, wie hier in einer der schönsten Anlagen des Bades, dem GOETHEPLATZ mit dem Denkmal des berühmtesten Kurgastes. Viermal weilte Goethe zur Kur in Marienbad. Im Jahre 1823 schrieb er hier die »Marienbader Elegie«. Unübersehbar ist die Zahl der bedeutenden Besucher aus allen Schichten der Bevölkerung. Viele Dichter und Komponisten weilten hier als Kurgäste. Auch der englische König Eduard VI. besuchte wiederholt den Badeort.

96 Im geräumigen Innenhof des EGERLÄNDER BAUERNHAUSES steht das Vieh vor der Stallung und dem hölzernen Taubenschlag. Weitaus schmucker präsentierte sich die Außenseite. Das Egerländer Bauernhaus wird zu den schönsten Fachwerkbauten des mitteldeutschen Raumes gerechnet. Im Stil ist es mit dem oberfränkischen und dem Thüringer Bauernhaus verwandt: Die Erdgeschoßwände sind in Bruchsteinmauerwerk ausgeführt, Fachwerk und Ziergiebel in rot und dunkelbraun gestrichenem Balkenwerk. Das Egerländer Bauernhaus erlebte 1760–1820 seine Blütezeit.

97 Dank ihrer Lage an der Pforte des Fichtelgebirges, zwischen den Ausläufern des Oberpfälzer Waldes und dem Erzgebirge, war die Stadt EGER seit dem frühen Mittelalter zum wirtschaftlichen und kulturellen Mittelpunkt des Egerlandes geworden. 1322 wurde sie von Ludwig dem Bayern für die Waffenhilfe des Böhmenkönigs Johann im Streit mit Friedrich dem Schönen aus Reichsbesitz verpfändet. Die gotische Erzdekanalkirche aus dem 15. Jahrhundert mit ihrem spitzen Turm und die Ruinen der Kaiserpfalz sind geschichtsträchtige Zeugen der einstigen Reichsstadt Eger.

98 Unter den Baudenkmälern, die aus der Zeit der Hochblüte der Stadt Eger unter den Staufern erhalten blieben, befindet sich die gotische DOPPELKAPELLE in der Kaiserburg, die Friedrich Barbarossa am Stauferplatz auf der alten Burg der Markgrafen von Vohburg aus dem bayerischen Nordgau neu errichten ließ. Die Doppelkapelle wurde Ende des 12. bis Anfang des 13. Jahrhunderts nach dem Vorbild Nürnbergs von einem oberrheinisch-elsässischen Bauleiter errichtet. Sie besteht aus einem Untergeschoß und der abgebildeten oberen Kapelle, der Herrschaftskapelle, die wie ihr Nürnberger Vorbild hochgestreckt und mit überlangen Säulen, hohen Sockeln und Kämpfern versehen ist. Das Gewölbe weist eine Mischung von Rund- und Spitzbögen auf. Der Raum mit seinen hohen Rundfenstern zeigt alle hervorragenden Stilmerkmale der Frühgotik.

99 Das ANTEPENDIUM im Stadtmuseum zu Eger ist eine der wenigen erhaltenen Glasperlenstickereien auf Seidengrund. Das wertvolle Kunstwerk, etwa um 1300 entstanden, stellt in 20 Bildtafeln Heiligenfiguren in zwei fortlaufenden Reihen unter Rundbogenarkaden dar. Christus und Maria stehen im Mittelpunkt; Maria erscheint in der unteren Reihe dreimal in verschiedenen Episoden der Bibel. Die Heiligen auf dem Antependium stehen in Beziehung zum Minoritenorden. Das läßt darauf schließen, daß möglicherweise eine Nonne des Sankt-Klara-Klosters das Kunstwerk schuf.

100 Die Heilquellen von FRANZENSBAD waren bereits seit dem 16. Jahrhundert bekannt. Doch es dauerte bis zum Jahre 1852, daß aus dem Bauerndörfchen Schlada, der Stadt Eger zugehörig, der Kurort Franzensbad entstehen konnte. Noch Ende des 18. Jahrhunderts schöpfte man mit Krügen den perlenden Säuerling unter freiem Himmel und nicht aus dem heutigen Tempelrundbau der berühmten Franzensquelle vor dem imposanten Kurhaus. Dem Egerer Stadtphysikus Dr. Bernhard Adler war es zu verdanken, daß Franzensbad innerhalb weniger Jahrzehnte ein erstrangiger Badeort wurde.

101 Von der vulkanischen Tätigkeit in Nordwestböhmen zeugt der KAMMERBÜHL zwischen Eger und Franzensbad. Mit den Schlackenmassen, deren rot und schwarz gebänderte Schichten Einblick in den Aufbau eines Vulkans gewähren, hat sich Goethe gelegentlich seiner Karlsbader Reisen befaßt. In den Südhang des Kammerbühlhügels wurde von 1834 bis 1837 ein Stollen getrieben, der sogenannte »Goethestollen«. Neben dem Portal ist auf einem Basaltfelsen das Relief eines Goethekopfes mit der Inschrift »Goethe – dem Erforscher des Kammerbühls 1802 – 1822« angebracht.

102 Im äußersten Zipfel Nordwestböhmens liegt die Industriestadt ASCH. Die barocke evangelische Kirche in der Bildmitte steht heute nicht mehr. Das 1747 bis 1749 errichtete Gotteshaus war Sitz eines evangelischen Superintendenten, brannte 1961 vollkommen nieder und wurde 1974 gesprengt. Die Industriesiedlung hatte früher zahlreiche Textilfabriken. Die Bürgerhäuser inmitten einer anmutigen Landschaft am Rande des Fichtelgebirges bezeugen Wohlstand und Gewerbefleiß der Bewohner. Goethe, Schumann und Nietzsche weilten in Asch, das stets auf seine Kulturpflege stolz war.

103 Auf einer Anhöhe über dem Markt ROSSBACH, dem Kirchberg, steht neben dem alten Schulhaus die spätbarocke protestantische Kirche der wohlhabenden Industriesiedlung, deren über 4000 deutsche Bürger fast alle evangelischen Glaubens waren. Im Vordergrund ein Teil des Marktes mit dem stattlichen alten »Franken-Geschäftshaus« des Gründers der Tuchfabrik Josef Frank, davor das untere Wirtshaus »Zum Roten Roß«. Der Ort im Ascher Ländchen besaß zahlreiche Teppich-, Tuch-, Gardinen- und Kunstwebereien und war durch seinen Magenbitter, den Roßbacher, in aller Munde.

104 An Stelle einer frühen germanischen Opferstätte entstand der Wallfahrtsort MARIA KULM bei Falkenau, der am meisten besuchte Marien-Wallfahrtsort des Egerlandes. Auf den Resten einer gotischen Burg wurde in den Jahren 1690 bis 1702 durch den Baumeister Canevale die Marien-Wallfahrtskirche errichtet. Die barocke Kirche ist mit kunstvollen Statuen und wertvollen Fresken geschmückt und hat einen mit vielen Schnitzereien und Gemälden ausgestatteten Kreuzgang. Von ihren Türmen reicht der Blick über das Egerland bis weit hin zum Kaiserwald und zum Erzgebirge.

105 Auf dem langgezogenen Marktplatz von FALKENAU steht zur Erinnerung an den sagenhaften Gründer der Stadt, den Egerer Bürgermeister Sebastian Fischer, der auf der Aue an der Eger einen Falkenhof gegründet haben soll, der »Wastl«. Es handelt sich um eine über einem Brunnen aufgestellte Bildsäule aus dem Jahr 1717, die einen Falkner darstellt. Die Säule ist mit einem Hopfenrankenwerk umwunden, ein Hinweis darauf, daß bis ins 19. Jahrhundert hinein in Falkenau der Hopfenanbau betrieben wurde. In der Mitte des Platzes erhebt sich die »Pestsäule« genannte Mariensäule aus dem Jahr 1701, links auf dem Bild die Erzdekanalkirche, erbaut 1671. Die älteste Urkunde über Falkenau stammt aus dem Jahr 1282. Die durch einen Brand verlorengegangenen Privilegien der Stadt waren durch einen Majestätsbrief König Wenzels erneuert worden, in dem Falkenau zugleich zur Stadt erhoben wurde. Einen Aufschwung erlebte Falkenau im 17. Jahrhundert durch den erfolgreichen Bergbau in den benachbarten Bergstädten.

106 Von der Burg KÖNIGSBERG an der Eger berichtet der Chronist erstmals Ende des 12. Jahrhunderts. Sie sollte zwei wichtige Straßen von Eger nach Innerböhmen überwachen. Um die Burg herum legte 1232 das Doxaner Prämonstratenserkloster eine Stadt an. Bis zum Jahr 1286 gehörte die Pfarrei Königsberg zum Patronat des Klosters Waldsassen, kam aber Ende des 14. Jahrhunderts in Besitz des Prager Ordens der Kreuzherren mit dem Roten Stern. Die Kirche des Ortes wurde gegen Ende des 16. Jahrhunderts errichtet. Die Stadt beherbergte neben dem Braunkohlenbau eine Brikettfabrik, Schuherzeugung, viele Holzbearbeitungsbetriebe sowie eine Textilfabrik. Die Möbeltischlerei und vor allem die Krippenschnitzerei waren weit bekannt. In Königsberg an der Eger hatte auch eine Fachschule für Holzbearbeitung ihren Sitz.

107 Von drei Seiten in einer Schleife der Eger umschlossen, liegt ELBOGEN mit seiner mittelalterlichen Stadtbefestigung und der alten Burg, die von den Zerstörungen durch Kriege nahezu unbehelligt geblieben ist. Sie wurde Ende des 12. Jahrhunderts erbaut, im 15. Jahrhundert erweitert, war ursprünglich königlich und wurde später mehrfach verpfändet. Zu den ältesten Bauten des noch erhaltenen Bestandes der Burg gehören der Bergfried und das Markgrafenhaus, ein zum Teil in Quaderwerk ausgeführter Bau. Die herrschaftliche Inneneinrichtung des Markgrafenhauses ging allerdings bei dem Brand im Jahr 1725 vollständig verloren. Das Portal zur Burg ist heute Eingang zum Markgrafenhaus, das ein Egerländer Heimatmuseum und eine vorgeschichtliche Sammlung beherbergt. Elbogen war seit ältesten Zeiten ein Tor in das Innere Böhmens. Die älteste Kettenbrücke Böhmens (1836) überspannt hier die Eger.

108 Im Museum auf der Burg Elbogen befindet sich der EGERLÄNDER OFEN, ein Meisterwerk der keramischen Kunst unserer Zeit. Ihn schuf der Bildhauer Willi Ruß in den Jahren 1941 bis 1943 für das Volkskundemuseum der Stadt Eger. Der Ofen, in einer Länge und Höhe von 3 m und einer Breite von 1½ m in farbiger Original-Keramik ausgeführt, stellt das Egerländer Brauchtumsjahr dar. Er ist geschmückt mit 16 Reliefen, 12 Paaren der Egerländer Trachtenlandschaften, dem Stadt- und Marktwappen der Egerländer sowie mit Spruchgut der Landschaft. Das hier abgebildete Detail des Ofens zeigt den Maibaumtanz und den Kammerwagen im Hochzeitszug. Der Ofen wurde im Winter 1952 von den Tschechen aus Eger in das Elbogener Burgmuseum überführt.

109 Die Sprudelkolonnade an der Tepl in KARLSBAD hat heute ein anderes Aussehen als in der Zeit zwischen den Weltkriegen. Sie heißt nunmehr Gagarinkolonnade. Doch dieses politische Zugeständnis an die Gegenwart vermag dem europäischen Charakter dieses Weltbades keinen Abbruch zu tun. Die nach einem Entwurf Kilian Ignaz Dientzenhofers 1732 erbaute spätbarocke Stadtpfarrkirche »Zur hl. Magdalena« und die an den bewaldeten Hängen ansteigenden Kurhäuser sind nach wie vor Ziel Abertausender von Kurgästen, die Heilung suchen, und von Touristen aus aller Welt.

110 Der Rundblick über KARLSBAD zeigt uns die Mühlbrunnkolonnade an der Tepl mit dem Rathaus, das Kurhaus mit dem Militärbad und den Kurpark im Mittelpunkt einer verwirrenden Fülle von Häuserzeilen. Vor dem waldreichen Hintergrund der Höhen um Karlsbad erhebt sich der Bau des Hotels »Imperial« und rechts, am Bildrand, das Hotel »Bristol«. Die 19 heißen Quellen mit Temperaturen bis 70° C waren bereits den Römern bekannt. Seit Anfang des 19. Jahrhunderts entwickelte sich der Kurort mit seinen repräsentativen Kureinrichtungen zu einem Weltbad.

111 Wie zahlreiche THEATER in der Monarchie stammt auch das Karlsbader von den Wiener Architekten Fellner und Helmer. Im neubarocken Stil nach dem Vorbild der Wiener Oper erbaut, wurde es im Mai 1886 mit Mozarts »Figaros Hochzeit« eröffnet. Den Ruf Karlsbads als Theaterstadt festigte seit 1916 Oskar Basch. Ihm war es zu danken, daß es keine bedeutende Operette gab, die hier nicht inszeniert worden wäre. Die Theatertradition des Weltbades reicht bis ins 18. Jahrhundert zurück; an der Stelle des heutigen Goethedenkmals stand das alte einfache »Komödienhaus«.

112 Die barocke Kirche Maria Treu des Piaristenklosters in SCHLACKENWERTH – auf der linken Bildseite – wurde 1674 von Domenicus Orsi erbaut. Diese Kirche ist nicht das einzige bemerkenswerte Baudenkmal der alten Stadt in der Nähe Karlsbads, deren spätgotische und später barock umgebaute Pfarrkirche St. Michael aus dem Jahr 1357 stammt. Neben der romanischen Friedhofskirche St. Jakob und der von Dientzenhofer erbauten Friedhofskapelle ist das Schloß aus den Jahren 1693 bis 1696 mit dem Gartenpavillon von Abraham Leutner sehenswert. Die Besitzer der Herrschaft Schlackenwerth wechselten im Verlauf der Geschichte mehrmals. Nachdem diese durch Verpfändung im 15. Jahrhundert an den Kanzler Kaiser Sigismunds, Graf Kaspar Schlick, gekommen war, gelangte sie 1689 in den Besitz der Grafen von Baden. Ab 1939 war Schlackenwerth Sitz des Generalvikariats des deutschen Teils der Erzdiözese Prag.

113 RODISFORT, eine der ältesten Siedlungen östlich von Karlsbad, verdankt seine Entstehung einer alten Furt an einem Salzweg von Mitteldeutschland nach Innerböhmen. Kaiser Karl IV. erteilte der Stadt 1364 das Privileg zum Bau einer gedeckten Holzbrücke, die in ihrer heutigen Gestalt seit 1783 besteht. Das schöne Kirchlein mit dem spitzen Turm ist dem hl. Wenzel geweiht. Mit Rodisfort aufs engste verbunden sind Gießhübl und sein Sauerbrunn, der bereits 1522 dem Karlsbader Badearzt Dr. Wenzel Payer bekannt gewesen war und als Kuranwendung die Karlsbader Thermen ergänzte.

114 An einen Hang des Erzgebirges angelehnt, nahe der sächsischen Grenze, liegt SILBERBACH. Wie der Name des Ortes besagt, ist die Siedlung im Zusammenhang mit dem Bergbau entstanden, der später Verarbeitungswerke nach sich zog. Der Holzreichtum des Erzgebirges war eine Voraussetzung für die spätere Ansiedlung von Glashütten und einer Farbmühle, zu der sich im Lauf der Zeit eine Musikinstrumentenindustrie und Stickereifabriken gesellten. Sehenswert sind die Erzgebirgsbauernstuben Silberbachs und das ehemals gräfliche Jagdhaus mit seltenen Rotwildgeweihen.

115 Der Blick auf GRASLITZ führt uns in die Mitte der Musikstadt nahe der sächsischen Grenze. Im Vordergrund erkennen wir die katholische Kirche, am rechten Bildrand die evangelische. Hinter der Stadt dehnen sich die Felder zum nahen Galgenberg. Seit dem 16. Jh. nahm der Bergbau in der »freien Bergstadt« großen Aufschwung; aus dem Graslitzer Stollen bezog der Kaiser im Dreißigjährigen Krieg jährlich 4000 Taler. Durch die Gegenreformation ging der Bergbau zurück. Doch Weberei, Weißwarenindustrie und der Musikinstrumentenbau verhalfen Graslitz zu einer neuen Blüte.

116 Nur ein aufgelassenes Silberbergwerk erinnert heute noch an den einst blühenden Bergbau nach Silber und Blei in HEINRICHSGRÜN bei Graslitz. Die Siedlung wurde um 1130 gegründet und 1537 unter Graf Joachim Schlick zur Bergstadt erhoben. Umgeben von idyllischen Engtälern, hat Heinrichsgrün sein romantisches Gepräge erhalten. Ein Basaltsteinbruch in kristallinischer Form und weitere große Basaltsteinbrüche gaben der Bevölkerung neben der Spitzenklöppelei und Filetarbeiten nach dem Versiegen des Bergbaus neue Möglichkeiten des Broterwerbs. Zu den seltenen Handwerken, die mit der Technisierung allmählich ihre Bedeutung verloren, gehörte das Nagelschmieden. Noch bis zum Beginn unseres Jahrhunderts wurden vielfach Nägel handwerklich erzeugt und auf einer Zuschneidemaschine vorbereitet, bis sie der Nagelschmied in ihre endgültige Form hämmerte.

117 Dem Plattenberg (1040 m) verdankt die BERGSTADT PLATTEN am Fuß des Erzgebirges ihren Namen, den reichen Zinnvorkommen der Umgebung ihre Entwicklung. Die Siedlung wurde von Bergleuten aus dem sächsischen Schneeberg begründet. Königliche Bergstadt wurde sie unter Kaiser Ferdinand I. Die St. Laurentiuskirche, von den Protestanten errichtet, ist bereits 1492 belegt und wurde später barockisiert. Reste des ersten, schon längst verfallenen Zinnbergwerks finden sich an der nahegelegenen »Wolfspinge«, einer von Naturfreunden gern besuchten Felsengruppe.

118 Vom Glockenturm aus dem 13. Jahrhundert auf dem Burgfelsen, den Goethe 1786 in einer Handzeichnung festhielt, reicht der Blick auf die Hauptstraße in NEUDEK, deren Ursprünge auf das Stift Tepl zurückgehen. Unter der Herrschaft der Grafen Schlick von der Mitte des 15. bis zum Anfang des 17. Jahrhunderts war der Erzgebirgsort eine Bergstadt. Später ermöglichte das Roheisenvorkommen in der Umgebung die Blecherzeugung und führte zu einer starken Industrialisierung. Die Rothau-Neudeker Eisenwerke und eine Kammgarnspinnerei waren weit bekannt.

119 In einem engen Tal drängen sich die Häuserzeilen von ST. JOACHIMSTHAL am Fuße des Keilbergs im Erzgebirge, das ob seines reichen Silbervorkommens zu Beginn des 16. Jahrhunderts mit seiner Stadterhebung und der Münzprägung des Guldengroschens, des Joachimstalers, von dem der Dollar seinen Namen entlehnte, in nahezu amerikanischem Tempo anwuchs. Aus dieser mittelalterlichen Zeit sind das alte Rathaus, die später umgebaute Spitalkirche und die Münzstätte erhalten. Nach Erliegen des Silberabbaus geriet die Stadt in Vergessenheit. Eine neue Blütezeit begann für St. Joachimsthal nach 1910, als das Element Uran entdeckt wurde, und mit dem für die Radiumgewinnung benötigten Abbau des Uranpecherzes. Die Nutzung der radioaktiven heißen Quellen hat die Stadt zu einem vielbesuchten Kurort werden lassen.

120 GOTTESGAB, die mit 1028 m Seehöhe höchstgelegene Stadt Mitteleuropas, entstand im Jahre 1553 und hieß bis zu ihrer Erhebung zur Bergstadt (1546) durch Kurfürst Johann Friedrich von Sachsen Wintersgrün. Hier hatten seit 1517 sächsische Bergleute mit dem Abbau von Silber begonnen. Die Bewohner der Stadt, die sich auf einer Hochfläche des Erzgebirges ausbreitet, wandten sich nach Versiegen des Bergbaus der Holzverarbeitung und Spitzenklöppelei zu, die Barbara Uttmann 1561 eingeführt hatte. Aus Gottesgab stammt der bekannte Volkssänger Anton Günther.

121 Vom Bärenstein aus geht der Blick auf die Schornsteine der Industriestadt WEIPERT nahe der sächsischen Grenze. Bereits im Mittelalter waren die Büchsenmacher und Weber der Siedlung geschätzt. Mitte des 16. Jh. bildeten die hier gefundenen Erze die Grundlage für die Eisenhämmer, und als Silberfunde dazukamen, wurde Weipert 1607 königliche freie Bergstadt. Nach ihrem Versiegen siedelte sich Industrie an, die Weipert zu neuer Blütezeit führte. Erzeugnisse der Spitzenklöppelindustrie, Posamenterie und Handschuhindustrie fanden ihren Weg weit über die Landesgrenzen.

122 Hochaufragend überspannt die Eisenbahnbrücke den Egerfluß vor der an seinem linken Ufer gelegenen Stadt KAADEN. Die günstige Verkehrslage und der Durchgangshandel brachten der Stadt Wohlstand. Neben dem einen spitzkegeligen Helm tragenden Stadtturm ist der Bau der gotischen Pfarrkirche zu erkennen, die barockisiert wurde. Von der gotischen Stadtbefestigung Kaadens sind nur Reste erhalten geblieben. Auf dem Stadtplatz mußten 25 Sudetendeutsche am 4. März 1919 bei einer friedlichen Demonstration für das Selbstbestimmungsrecht ihr Leben lassen.

123 KLÖSTERLE, in einer im Norden durch das Erzgebirge, im Süden durch das Duppauer Gebirge geschützten Lage, geht, wie sein Name besagt, auf eine klösterliche Gründung durch die Benediktinerabtei Postelberg zurück. Bekannt wurde Klösterle durch die lokale Tradition der Porzellanerzeugung. Die Graf Thunsche Porzellanmanufaktur aus dem Jahr 1794 war die zweitälteste in Böhmen. In dem nahen Thunschen Schloß befindet sich ein sehenswertes Porzellanmuseum. Der Ort am nördlichen Knie des linken Egerufers war ein vielbesuchtes Ziel für Ausflüge.

124 Ein Besuch des KEILBERGS ist wohl die lohnendste Wanderung, die das Erzgebirge aufzuweisen hat. Der gängigste Weg zu dem mit 1244 m höchsten Gipfel des Gebirges mit seinem Aussichtsturm führt von Joachimsthal aus hinauf. Doch hat der beschwerliche Fußmarsch in unseren Tagen vielfach der Autofahrt weichen müssen. Vom Gipfel aus entrollt sich dem Betrachter ein herrlicher Fernblick. Wenn nicht Dunst oder Nebel in den Niederungen lasten, kann man von hier aus einen großen Teil Böhmens überblicken, vorbei an mehreren Ruinen, um die sich der Lauf der Eger schmiegt.

125 Seinen mittelalterlichen Charakter mit den langen Laubengängen hat der Marktplatz von KOMOTAU bis in unsere Tage weitgehend erhalten. Bereits 1383 stand am Platz ein Kaufhaus mit Markthalle, die mit ihrem laubenartigen Bazar auf ein italienisches Vorbild schließen läßt. Der gotische Hauptbau der Stadtkirche zu Ehren Mariä Himmelfahrt stammt aus dem Jahr 1542. Der weit in die Ferne grüßende Turmhut mußte nach einem Brand in den 70er Jahren des vergangenen Jahrhunderts neu aufgesetzt werden. Die Mariensäule wurde 1697 von einem Apothekerehepaar gestiftet und zu Anfang des 18. Jahrhunderts durch die Statuen des Nepomuk, Johannes des Täufers, der Heiligen Katharina und Rosalia ergänzt. Die Stadt war im Lauf ihrer langen Geschichte oftmals von Bränden und Brandschatzungen heimgesucht worden. In Komotau kam 1756 Franz Josef Ritter von Gerstner, der Erbauer der ersten Pferde-Eisenbahn und Begründer der Prager Deutschen Technischen Hochschule, zur Welt.

126 Die Stadt GÖRKAU, nordöstlich von Komotau am Fuße des Erzgebirges, ist eine alte Sachsenniederlassung an der von Meißen nach Böhmen führenden Handelsstraße. Sie entwickelte sich rasch und hatte bereits im frühen Mittelalter eine beachtenswerte Ausdehnung und ein reiches Zunftwesen. Der Marktplatz mit dem ehemaligen Rathaus in der Bildmitte und zahlreiche Neubauten verraten heute nichts von der geschichtlichen Vergangenheit der einst befestigten Stadt, von der aus die Besitzer der Herrschaft seit Mitte des 16. Jahrhunderts in der Nähe ein Alaunbergwerk betrieben.

127 In einem wildromantischen Tal zwischen Platz und Sonnenberg, unweit von Komotau, liegt auf steiler Höhe die gewaltige Burgruine HASSENSTEIN mit ihren aufragenden Türmen, von denen der höhere durch eine Überdeckung gekrönt ist, eine der schönsten Ruinen Nordwestböhmens. Von hier aus geht der Blick weit in das Erzgebirge. Die Burg gehörte im 14. Jahrhundert den Herren von Schönburg aus Meißen und war von 1418 bis 1609 im Besitz derer von Lobkowitz, die hier unter Bohuslaus Lobkowitz von Hassenstein Ende des 15. Jahrhunderts eine Bibliothek anlegten.

128 ZINNWALD an der böhmisch-sächsischen Grenze wurde im 14. Jahrhundert durch Bergleute aus Graupen gegründet, die hier nach Zinn schürften. Der seit dem 15. Jahrhundert betriebene Bergbau schloß die Gewinnung von Wolfram, Glimmer und Quarz ein. Der Zinnwalder Paß in 873 m Höhe war im Dreißigjährigen Krieg Durchzugsgebiet der Schweden und Kaiserlichen. Die abgebildete Bergkirche Zu Mariä Himmelfahrt, unweit der alten Schachtanlage, enthält wertvolle Deckenmalereien. In Vorder Zinnwald steht eine Gnadenkapelle mit dem ältesten Flügelaltar Böhmens.

129 Aus der Zinnbergbausiedlung »Crupa« des 13. Jh. ist in einem Südtal des Erzgebirges die Bergstadt GRAUPEN entstanden. Böhmenkönig Johann, Sohn Kaiser Heinrichs VII., hatte zum Schutz der Siedlung die Rosenburg bauen lassen, galten doch die Zinnbergwerke von Graupen als die ergiebigsten in Europa. Der Durchblick durch die mächtige Steinmauer der Rosenburg auf den Glockenturm (15. Jh.) vermag uns einen Eindruck von der wehrhaften Stadt zu geben, die zwei den Übergang über einen Erzgebirgspaß beherrschende Burgen, die Rosenburg und die Geiersburg, besaß.

130 An einer Abdachung der Vorberge des Erzgebirges, in romantischer Lage, begegnen wir NIKLASBERG, wie der Blick von einer Anhöhe auf die Siedlung beweist. Durch sächsische Bergleute aus Schellenberg gegründet und nach dieser Herkunft ursprünglich Neu Schellenberg genannt, erhielt Niklasberg 1551 seinen neuen Ortsnamen. Die Herrschaft der Biliner Lobkowitz erteilte der von Kaiser Ferdinand I. bereits sieben Jahre zuvor mit Bergfreiheiten bedachten Ansiedlung im Jahre 1554 das St. Joachimsthaler Bergrecht. Das um ein Geviert angelegte Städtchen mit seiner aus dem 18. Jahrhundert stammenden Pfarrkirche war bis zur Vertreibung seiner Bewohner, die zumeist in der Landwirtschaft beschäftigt waren, beliebt als Sommerfrische und Ausflugsziel. Nur noch alte, verfallene Stollen erinnern heute an den einst so ergiebigen Silberabbau.

131 Mit vollem Dampf muß die Lokomotive auf der Strecke von Moldau nach Brüx den Steilanstieg bei NIKLASBERG im Erzgebirge überwinden. Nicht nur hier in den Gebirgen Nordwestböhmens waren die oft so manche Steigung überbrückenden Lokalbahnen die wichtigsten Verkehrsadern für die Menschen. Im Zeitalter vor der Motorisierung boten sie häufig die einzige Möglichkeit, die nächstgelegene Siedlung oder Stadt zu erreichen. Die Dampfeisenbahn gehört der Vergangenheit an. Doch die Erinnerung an die schnaubenden Dampflokomotiven unserer Heimat erfüllt uns mit Wehmut.

132 TEPLITZ SCHÖNAU zählt zu den bestbekannten Heilbädern Böhmens und Europas; seine Quellen nutzten schon die Kelten und Römer. Den Höhepunkt des Badelebens erreichte es im vergangenen Jahrhundert, als in den Kurlisten Namen wie Goethe, Beethoven, Wagner und Fürstlichkeiten aus vielen Ländern zu finden waren. Einem Abglanz dieser Epoche begegnen wir im früheren Kaiserbad am Schillerplatz, einem Bau aus dem Jahr 1870, der nach 1918 in »Städtisches Kurhaus« umbenannt werden mußte und durch Umbau 1928/29 ein exklusives Kurhaus wurde.

133 Auf dem Kamm des Erzgebirges in 802 m Höhe steht unweit von Ober Graupen das MÜCKENTÜRMCHEN, auch Mückenberg genannt. In der Nähe befindet sich die schon 1360 bestehende, 1692 bis 1700 erneuerte Kapelle, die nach dem heiligen Wolfgang, der hier als Einsiedler in einer Höhle gewohnt haben soll, bevor er als Bischof nach Regensburg ging, Sankt-Wolfgangs-Kapelle genannt wird. Das Mückentürmchen, eine Sommergaststätte, erhielt 1858 einen Glockenturm, der an Stelle des alten steinernen Rundturmes aus dem Jahr 1568 trat, und die alte »Anläuteglocke«. Diese, 1554 gegossen, erinnert an das einstige Bergbaugebiet und wurde zur Ein- und Ausfahrt der Häuer geläutet. Im Hochsommer feierten die Menschen der weiteren Umgebung auf dem Mückentürmchen das Heidelbeerfest, ein Volksfest am Namenstag des St. Wolfgang.

134 Das Zisterzienserkloster OSSEGG wurde 1196 am Abhang des Erzgebirges gegründet und 1207 von König Ottokar I. bestätigt. In den Hussitenkriegen wurde es niedergebrannt, aber später unter dem Prager Erzbischof Ernst Adalbert Graf von Harrach 1624 wiederaufgebaut. Nach erneuter Vernichtung durch die Schweden entstand unter dem Baumeister Octavio Broggio 1712 bis 1717 die prachtvolle, reich ausgestattete Barockkirche. Das abgebildete Chorgestühl der Stiftskirche schuf der aus einer Bregenzer Baumeisterfamilie stammende Bildhauer Franz Anton Kuen in den Jahren 1713 bis 1716 unter Abt Benedikt Litwerich. Die Stiftskirche zählt zu den schönsten und größten Barockkirchen in Böhmen. Im 17. Jahrhundert hatte der Abt Seipio seinen Untertanen die Erlaubnis erteilt, auf Klostergrund in der Nähe der Klostergebäude eine Ansiedlung zu errichten, aus der der Ort Neu Ossegg entstand, der, seit 1913 mit dem Kloster Alt Osseg vereint, zur Stadt erhoben wurde.

135 Zankapfel zwischen der Böhmischen Krone und den Meißener Markgrafen war die Stadt DUX, die 1398 von den Herren von Ossegg an Meißen verkauft worden war. 1492 eroberten die Hussiten die Stadt und metzelten sämtliche Einwohner nieder. Im 17. Jh. entstand das Schloß der Grafen Waldstein mit Fresken von Lorenz W. Reiner und Plastiken von Matthias Braun, die barocke Schloßkirche Mariä Verkündigung erbaute M. A. Canevale 100 Jahre später; sie wurde 1945 ein Raub der Flammen. Casanova lebte seit 1780 als Bibliothekar im Schloß; hier entstanden seine Memoiren.

136 Am Südabhang des Erzgebirges, vor der sächsischen Grenze bei Bilin, erstreckt sich in 60 km Länge und 10 km Breite das nordwestböhmische Braunkohlengebiet, dessen Kohlelager zumeist im Tagbau gefördert werden. Die zahlreichen Schächte – wie hier der WALPURGISSCHACHT – haben das Bild der Landschaft seit dem 19. Jahrhundert verändert, wie auch die damit verbundene Industrialisierung die Entwicklung der Stadt Dux bestimmte. Durch Zuwanderung tschechischer Arbeitskräfte geriet die deutsche Bevölkerung im Laufe nur eines Jahrhunderts in die Minderzahl.

137 Bereits im 12. Jahrhundert war BILIN eine der hervorragendsten Städte Böhmens. Auf dem 538 m hohen Borschen, dem größten Klingsteinfelsen Mitteleuropas, finden wir eine reiche alpine Flora in dolomitenähnlicher Felsenumgebung. Unter König Wenzel II. wurde die Siedlung im Jahr 1248 Stadt. Die Kirche am Marktplatz mit seinen Laubenhäusern ist um 1600 erbaut worden und besitzt ein Taufbecken und Epitaph aus dieser Zeit. Das Schloß – auf der linken Bildseite – gehört seit dem 16. Jahrhundert den Fürsten Lobkowitz und wurde Ende des 17. Jahrhunderts umgestaltet.

138 Der SAUERBRUNN hat die Bäderstadt Bilin in Nordwestböhmen weit über die Grenzen des Landes hinaus bekannt werden lassen. Die Quellen dieses alkalischen Säuerlings sollen im Jahre 1761, das heißt noch vor denen in Teplitz, entdeckt worden sein. Hier in Bilin lebte 1761 bis 1830 als Fürst Lobkowitzscher Brunnenarzt Franz Ambros Reuß, Vater und Mitbegründer der Balneologie (Bäderkunde) in Böhmen. Das Denkmal des Badearztes steht gegenüber dem Kurhaus, vor der Abfüllhalle des berühmten »Biliner Sauerbrunn«. Im Hintergrund erhebt sich der Borschen.

139 An einem Übergang nach Sachsen am Fuße des Erzgebirges entwickelte sich im Schutz einer Burg, der Landeswarte, vom 11. Jahrhundert an eine Siedlung, aus der die Stadt BRÜX erwuchs. Sie wurde 1253 unter Wenzel I. königliche Stadt. In den Hussitenkriegen wurde Brüx 1421 vergeblich belagert, das Hussitenheer konnte vor seinen Toren dank des Opfertodes von Ramphold Gorenz mit Hilfe der Meißener entscheidend geschlagen werden. Bis in die zweite Hälfte des vorigen Jahrhunderts hatte Brüx eine vorwiegend Ackerbau und Gewerbe treibende Bevölkerung. Ihre wirtschaftliche Entwicklung verdankte die Stadt dem Abbau der Kohle im großen nordwestböhmischen Braunkohlenrevier; zahlreiche Industriebetriebe siedelten sich hier an. Unser Bild zeigt die Dekanalkirche vom 2. Platz aus, der als Marktplatz bereits vor dem Jahr 1311 angelegt wurde, mit dem Marktbrunnen und einer dem hl. Johannes geweihten Statue.

140 Von der ursprünglichen Stadt Brüx mit ihren von der Geschichte geprägten Baudenkmälern ist nichts mehr übrig geblieben. Auch die STADTKIRCHE Mariä Himmelfahrt und der Marktplatz mit seinem Brunnen sind nicht mehr zu finden. Die spätgotische Dekanalkirche, von Jakob Heilmann aus Augsburg errichtet, mußte den Braunkohlelagern unter der Stadt buchstäblich weichen: Sie wurde mittels eines technisch aufwendigen, aber auch umstrittenen Verfahrens um fast einen Kilometer verschoben und blieb dadurch als einziges historisches Bauwerk der Stadt erhalten. Die Dekanalkirche steht heute am Rand der aufgerissenen, von Großbaggeranlagen und Förderbändern durchwühlten Landschaft. Sie bleibt ein mahnendes Relikt der Vergangenheit einer deutschen Stadt.

141 KATHARINABERG auf dem Kamm des Erzgebirges entstand um 1400 mit der Anlage eines Hüttengrabens zu Bergwerkszwecken durch Siedler. 1528 erhielt Sebastian von Weitmühl von Kaiser Ferdinand I. das Recht, bei seinem Kupferbergwerk eine Siedlung anzulegen. Aus der einstigen Blütezeit, in der Kupfer und Silber in großer Ergiebigkeit abgebaut wurden, sind nur die Kirche aus dem Jahr 1560 und die Reste des Bergwerks erhalten geblieben. Seit dem Erliegen des Bergbaus um 1700 war die Herstellung von Holz- und Wirkwaren eine wichtige Lebensgrundlage der Bevölkerung.

142 Von der Ende des 13. Jahrhunderts entstandenen Stadtbefestigung von SAAZ, die im 14. und 15. Jahrhundert verstärkt und verbreitert wurde, ist nur noch das alte Stadttor, das Priestertor, übriggeblieben. Saaz, an einem uralten Landweg, dem sogenannten Königsweg, aus einer Burgstätte begründet und von König Przemysl Ottokar II. 1266 zur königlichen Stadt erhoben, erlebte seine späte Blütezeit seit dem 18. Jahrhundert. Um die Stadt entwickelte sich das nord- und westböhmische Hopfenanbaugebiet; bereits im Mittelalter ist Saaz ein Platz des Wein- und Hopfenhandels gewesen. Eine Reihe von Bürgerhäusern haben ihren gotischen Ursprung mit Gewölben und Laubengängen in unsere Tage hinübergerettet, ebenso die Mariä Himmelfahrtskirche und die 1432 errichtete große Markthalle mit ihrem mächtigen Turm, zum Tuchverkauf errichtet und Ende des 16. Jahrhunderts in ein Renaissance-Rathaus umgebaut.

143 Aus der Zeit vor dem Ersten Weltkrieg stammt die Aufnahme vom HOPFENMARKT in Saaz. In großen Säken, Zichen genannt, wurde der in ganz Europa und sogar in Übersee bekannte Hopfen versteigert. Bevor dies geschehen konnte, waren viele fleißige Hände erforderlich, um die Dolden zu pflücken. Alljährlich kamen oftmals von weither Pflücker zur Saisonarbeit. Die Dolden wurden unter den Hausdächern an der Luft getrocknet. War die Nachbehandlung erfolgt, konnten sie zum Verkauf angeboten werden. Hopfen und Handel begründeten den Reichtum der Stadt.

144 Die Marktgemeinde LUBENZ bei Luditz ist eine jener Siedlungen unserer Heimat, die trotz ihrer Jahrhunderte zurückreichenden Gründung nie über den weiteren Heimatkreis hinaus bekannt geworden sind. Wer würde beim Betrachten der Abbildung vermuten, daß Lubenz schon 1108 urkundlich erwähnt wurde, unter Kaiser Karl IV. eine bedeutende Ansiedlung war und seit 1372 Marktrecht besaß? Die Pfarrkirche stammt allerdings aus der Mitte des 19. Jahrhunderts, doch wird bereits im Jahre 1384 ein Gotteshaus erwähnt. Die Gemeinde ist der Geburtsort des Beichtvaters Wenzels II.

145 Die Kirche MARIÄ VERKÜNDIGUNG auf dem Spitzberg in Chiesch ist das größte Gotteshaus des Luditzer Bezirks. Der barocke Bau entstand zu Beginn des 18. Jh. anstelle einer Kirche aus dem 15. Jh. unter Baumeister Johann Baptist Rappa. Da die Mittel für den Ausbau der Turmhelme fehlten, behielt der Bau seine gedrungenen Türme. Die Innenausstattung wurde im 19. Jahrhundert, Dachstuhl und Außenfassade 1936 durch die Herrschaftsbesitzer von Chiesch, die Grafen Lažansky, erneuert. Beide Glocken stammen aus der alten Kirche und wurden im 14. Jh. gegossen.

146 Der Blick auf die Stadt PODERSAM in der fruchtbaren Ebene des Saazerlandes wird von der 1592 errichteten Kirche beherrscht, die, den Aposteln Peter und Paul geweiht, bereits im 14. Jahrhundert bestand. Im Verlaufe der Geschichte wechselten die Besitzer der Herrschaft Podersam mehrfach. 1576 wurde die seit dem 15. Jahrhundert als Markt bezeichnete Siedlung durch Kaiser Rudolf II. zur Stadt erhoben. Grundlage für die industrielle Entwicklung der Porzellan- und Tonwarenerzeugung des Ortes waren die reichen Kaolinvorkommen in der allernächsten Umgebung der Stadt.

147 Die Kirche der Gemeinde SCHÖNHOF bei Podersam zählt nicht zu den Sehenswürdigkeiten dieses Ortes im Saazerland; sie wurde 1861 erbaut und erhielt 1889 den im neugotischen Stil errichteten schlanken Turm. Berühmt wurde Schönhof durch das Schloß der Grafen Czernin, das in den Jahren 1720 bis 1724 erbaut wurde und auf dem Goethe auf Einladung des Besitzers weilte. Aus Anlaß des Goethe-Jahres wurde das Schloß mit seinem großen englischen Naturpark in einer romantischen Landschaft für die Verfilmung seiner »Wahlverwandtschaften« zur Verfügung gestellt.

148 Die Steinbrücke über die Mies mit den Brückenstatuen und dem wehrhaften Brücktorturm ist Teil der noch erhaltenen spätgotischen Stadtbefestigung der Bergstadt MIES, die 1337 von König Johann unter die königlichen Städte aufgenommen wurde. Der Brücktorturm wurde in den Jahren 1555 bis 1560 von dem Baumeister Benedikt Volch aus dem spanischen Ferrol erbaut. Dem Bergbau – neben Silber wurden Blei und Zinn abgebaut – verdankt die Stadt ihren Aufschwung. Zu den Sehenswürdigkeiten gehören das im Renaissancestil erbaute Rathaus aus dem Jahr 1543 mit später aufgesetzten Barocktürmen und seinen prächtigen Sgraffitoverzierungen sowie zahlreiche Bürgerhäuser am Ringplatz mit gut erhaltenen Renaissanceportalen. In Mies hielt Wallenstein 1634 auf seinem Marsch nach Eger Nachtquartier. Seine Leiche war hier über zwei Jahre lang bestattet.

149 Von dem malerischen Ufer der Mies geht der Blick zur DEKANALKIRCHE Allerheiligen mit ihrem viereckigen, kuppeltragenden Turm. Das Gotteshaus wurde auf einer ursprünglich gotischen Anlage im 16. Jahrhundert errichtet und das Kircheninnere im 18. Jahrhundert barockisiert. Die wertvollen Fresken schufen Julius Lux und Elias Dollhopf, einer der bekanntesten Kirchenmaler Westböhmens, von dem auch das Altarbild stammt. Im Hochaltar von Ignatz Platzer aus Prag befindet sich das Gnadenbild der Schmerzhaften Mutter Gottes von Mies des Kladrauer Malermeisters Kaspar Wolfik. 1774 stiftete Kaiserin Maria Theresia für dieses wundertätige Gnadenbild, das in zahllosen Prozessionen und Bittgängen aufgesucht worden war, einen Silberrahmen mit Krone und Herz.

150 Das Städtchen WESERITZ liegt auf einem nach Südosten verlaufenden Rücken des Tepler Hochlandes, der in der beherrschenden Kuppe des Schloßberges gipfelt. Weseritz wechselte mehrfach den Besitzer, bis es 1712 an das Reichsfürstengeschlecht der Löwenstein-Wertheim kam, bei denen es bis zur Aufhebung der Grundherrschaft im Jahr 1848 verblieb. Das mit einer schönen Anlage umgebene spätbarocke Schloß entstand 1772 auf den Resten der alten Burg. Für die Mariä Himmelfahrtskirche der Stadt schuf der Prager Barockmaler Peter Johann Brandl das bekannte Bild des Joh. Nepomuk.

151 An einem alten Handelsweg zwischen Regensburg und Prag liegt die Stadt KLADRAU, die bereits 1115 erstmals erwähnt wird und seit 1230 Marktrecht besaß. Die unter Benediktinerabt Reiner erbaute dreischiffige romanische Basilika wurde in der Hussitenzeit und den Wirren des Dreißigjährigen Krieges weitgehend zerstört; von ihr blieben nur die Grundmauern erhalten. Auf ihren Fundamenten entstand unter Johann Santin Aichel zu Beginn des 18. Jahrhunderts die Klosterkirche mit ihrer beherrschenden, die böhmische Krone tragenden Kuppel. Der weithin sichtbare Kirchenbau wurde ob seiner ehrfurchterweckenden Ausmaße auch die »böhmische Gralsburg« genannt. Das Innere dieser größten Kathedrale des Egerlandes ist mit wertvollen Fresken Cosmas Damian Asams ausgestattet. Das Kloster fiel Ende des 18. Jahrhunderts der Säkularisierung zum Opfer; die Kirche aber blieb und war alljährlich zu Mariä Himmelfahrt ein vielbesuchtes Wallfahrtsziel.

152 Auf einem über 70 m hohen Kalksteinfelsen über dem Beraunfluß unweit von Prag erhebt sich majestätisch die Burg KARLSTEIN. Sie wurde unter Kaiser Karl IV. 1348–1357 nach Plänen des Matthias von Arras erbaut und zur Aufnahme der Wenzelskrone, der Krone des Heiligen Römischen Reiches und der Krönungskleinodien bestimmt. Gemäß dem Wunsche des kaiserlichen Stifters sollte sie den Gedanken des Grals in den drei Kapellen Hl. Kreuz, St. Marien und St. Katharina symbolhaft darstellen. In den Jahren 1887 bis 1899 wurde die Burg Karlstein im neugotischen Stil umgebaut.

153 Das Ständetheater in PRAG ist mit dem Namen Wolfgang Amadeus Mozart verknüpft. Lange ist dieser Musentempel ein Teil der deutschen Theatergeschichte gewesen. Nach Plänen von Anton Haffenecker und unter Franz Anton Graf Nostitz-Rieneck erbaut, ging das Theater 1799 in den Besitz der böhmischen Stände über. 1783 war es mit der festlichen Uraufführung von Lessings »Emilia Galotti« eröffnet worden, und 1787 erlebte »Don Giovanni« von Mozart die Uraufführung; seine Oper »Titus« hatte anläßlich der Krönung Leopolds II. Premiere in diesem Hause. Karl Maria von Weber wirkte drei Jahre als Direktor am Ständetheater, und 1854 dirigierte Richard Wagner seinen »Thannhäuser«; auch bei einer festlichen Aufführung des »Fliegenden Holländers« war der Komponist anwesend. 1945 ging die deutsche Geschichte dieses Hauses deutscher und europäischer Kultur in Prag zu Ende; es wurde nach dem Schöpfer der Staatshymne in Josef-Kajetan-Tyl-Theater umbenannt. Der bleibende Bezug zum deutschen Kulturkreis, der mit dem Ständetheater verbunden ist, kann freilich dadurch nicht ausgelöscht werden.

154 Der imposante Turm des ST. VEITSDOMS in Prag vor dem gotischen Längsschiff läßt uns beinahe vergessen, daß ihre endgültige Gestalt der weitläufigen Kathedrale erst 1929 gegeben wurde. Der Dom ist der dritte sakrale Bau an dieser denkwürdigen Stätte, an der der böhmische Landespatron Wenzel 923 bestattet wurde. Das erste Gotteshaus war eine Rotunde von karolingischem Typus aus den Jahren 926 bis 930. Ihm folgte eine romanische Basilika aus dem 11. Jahrhundert, die unter Kaiser Karl IV. durch die Baumeister Matthias von Arras und Peter Parler zu einer gotischen Kathedrale umgestaltet wurde. In den Hussitenkriegen kamen die Bauarbeiten zum Erliegen. Erst im letzten Drittel des vorigen Jahrhunderts wurden sie nach Plänen von Josef Mocker fortgeführt. Im Mausoleum des St. Veitsdoms befindet sich die Gruft der böhmischen Könige und in der St. Magdalenenkapelle die Grabstätte der Dombaumeister Matthias von Arras und Peter Parler.

155 Die Karlsbrücke, die in 16 Bögen und in 520 m Länge die Moldau überspannt und die Prager Altstadt mit der Kleinseite verbindet, wurde unter Leitung Peter Parlers durch Baumeister Johannes Ottl seit 1357 gebaut und zu Beginn des 15. Jahrhunderts vollendet. Der berühmte ALTSTÄDTER BRÜCKENTURM ist gleichfalls ein Werk der Parler-Bauhütte und dem heiligen Veit, dem Patron des Doms, geweiht. In den Jahren 1683 bis 1714 erhielt die Brücke zu beiden Seiten eine Galerie barocker Heiligenstatuen, die im 19. Jahrhundert durch einige weitere Figuren ergänzt wurden. Die Stelle des Martyriums des hl. Nepomuk ist auf der Brücke mit einer Darstellung der Legende bezeichnet; zu ihr pilgerten deutsche Wallfahrer und sangen das Lied »Heiliger Johannes, der du hast müssen dein Leben büßen in Moldau-Flüßen«. Auf dieser geschichtsbeladenen steinernen Brücke, die erst um 1870 ihren heutigen Namen »Karlsbrücke« erhielt, ging 1648 der Dreißigjährige Krieg zu Ende.

156 Als Gotteshaus für die auswärtigen Kaufleute ist die TEYNKIRCHE, oder Hauptpfarrkirche der Muttergottes vor dem Teyn, in der Prager Altstadt entstanden. Der frühgotische Bau wurde im 14. und 15. Jahrhundert umgestaltet. Die Kirche war unter Kaiser Karl IV. Versammlungsort der neugegründeten Universität, bevor das Carolinum entstand. In ihr predigte der Vorläufer der Reformation in Böhmen, Konrad Waldhauser, der 1369 in Prag starb. Die Teynkirche wurde zum zeitweiligen Mittelpunkt der gemäßigten Hussiten und Sitz des Erzbischofs Johannes Rokycan, des Hauptes der böhmischen Utraquisten. Im Presbyterium finden wir das Grabmal des Hofastronomen Kaiser Rudolfs II., Tycho Brahe. Christoph Willibald Gluck betätigte sich während seiner Studienjahre in Prag als Organist der Teynkirche.

157 Auch ein nächtlicher Blick auf die festlich beleuchtete Kleinseite läßt bewegende Gedanken an die wechselvolle Geschichte Böhmens und seiner Hauptstadt PRAG aufkommen, empfanden doch die Sudetendeutschen diese Stadt als ein Stück Heimat. Hinter dem Kleinseitner Brückenturm ist die Silhouette der von Dientzenhofer erbauten St. Niklaskirche zu erkennen. Über dem gewaltigen Bau der Burg, des Hradschins, thront der St. Veitsdom; auf dem »königlichen Weg« von der Altstadt über die Karlsbrücke zur Burg zogen einstmals die Herrscher Böhmens zur Krönung in den Dom.

158 Vom linken Elbeufer aus geht der Blick zur Stefanskirche, die mit der Gründung des Bistums LEITMERITZ 1665 zur Kathedrale wurde. Domenico Orsi und Giulio Broggio haben die Kathedrale in frühbarocken Formen umgestaltet. Vor dem Dom die bischöfliche Residenz, die gleichfalls von Giulio Broggio erbaut wurde. Ihm verdankt Leitmeritz, das auch das »böhmische Rom« genannt wird, den barocken Teil seiner mit sakralen Bauwerken so reich ausgestalteten Innenstadt. Das Rathaus und das »Kelchhaus« mit seinem kelchförmigen Turm führen uns in die Gotik zurück und erinnern uns, daß die um eine fürstliche Burg der Przemysliden im 11. Jahrhundert entstandene Stadt bereits im frühen Mittelalter zu Böhmens wehrhaften Städten zählte. Als Handels-, Industrie- und Schulstadt mit einer theologischen Hochschule, in verkehrsgünstiger Lage und an der hier schon schiffbaren Elbe, war Leitmeritz jedoch nicht nur ein kunstgeschichtliches Kleinod.

159 Nicht nur wegen seiner romantischen Lage vor dem Elbedurchbruch, mit dem Kleischen im Hintergrund und dem gotischen Kirchlein, gehörte GROSS TSCHERNOSEK zu den beliebtesten Ausflugszielen im Böhmischen Mittelgebirge; die Weinberge im Vordergrund zeigen uns, daß an den Elbeufern nördlich von Leitmeritz in den terrassenförmig angelegten Weingärten die Trauben der bekannten Rebsorten wie Silvaner, Riesling, Traminer und Muskateller angebaut wurden. Im Herbst wurden sie in Körben und Bütten gesammelt, in großen Bottichen zu Tal gebracht und gepreßt.

160 Inmitten von Obstbäumen in einer malerischen Hügellandschaft steht auf einem aufragenden Basaltfelsen die Ruine KAMAIK bei Leitmeritz, Überrest der einstigen Burg der Landadeligen von Kamaik und eine der vielen Sehenswürdigkeiten der böhmischen Mittelgebirgslandschaft. Im 16. Jahrhundert war die Burg verfallen, wurde wieder aufgebaut und mit einer neuen Mauer umgeben. Um das Jahr 1600 war das Bergschloß noch wohlerhalten; im Dreißigjährigen Krieg kam es in Besitz der Grafen Czernin und 1783 mit dem herrschaftlichen Besitz an das Fürstengeschlecht Schwarzenberg.

161 Die Ruine HELFENBURG bei Leitmeritz erhebt sich auf einer in das Tetschendorfer Tal hineinragenden, 50 m hohen Felszunge. Nach drei Seiten steil abfallend, hängt der Gebirgsvorsprung nur nach Süden mit der Hochfläche zusammen. Die 277 m lange und 12 m hohe Zinnen-Ringmauer ist eine der besterhaltenen in Böhmen. Die Burg dürfte bereits im 13. Jahrhundert durch die Herren von Dauba erbaut worden sein, ist jedoch schon seit einigen Jahrhunderten dem Verfall preisgegeben. 1350 soll sich der römische Volkstribun Cola di Rienzo auf der Helfenburg aufgehalten haben.

162 Ursprünglich lag an der Stelle der Stadt AUSSIG eine Zollstätte, in deren Nähe sich ein Marktort entwickelte. Bis zur Mitte des 19. Jahrhunderts war Aussig ein bedeutendes Landstädtchen. Dank des aufblühenden Kohlenbergbaus, zahlreicher Industrieansiedlungen und der günstigen Verkehrslage an der Elbe wuchs die Stadt, die von dem hohen Klingsteinfelsen mit der Burg Schreckenstein überragt wird, zur Industriemetropole Nordböhmens heran. So zählen die chemischen Werke zu den ältesten ihrer Art in Böhmen. Weltweit bekannt waren die 1882 gegründeten Schicht-Werke.

163 Der HAFEN in Aussig ist der größte Umschlagplatz in Böhmen. Von hier aus wird heute noch über den Schiffahrtsweg nach Hamburg ein großer Teil des Güterverkehrs nach Übersee geleitet. An der Mündung der Biala in die Elbe nahe dem Durchfluß durch das Böhmische Mittelgebirge entstanden Verladeanlagen, in einer Schiffswerft wurden Boote und Dampfer gebaut. Die Arbeitsmöglichkeiten, die Hafen und Industrieanlagen der Stadt boten, ließen ihre Einwohnerzahl innerhalb weniger Jahrzehnte auf fast 44000 anwachsen. Aussig war damit die größte Stadt im sudetendeutschen Gebiet.

164 Das Aussiger STADTTHEATER wurde in nur einjähriger Bauzeit mit einem Kostenaufwand von einer Million österreichischen Goldkronen nach Plänen des Wiener Architekten Graf errichtet und 1909 mit einer Aufführung von Grillparzers »Sappho« eröffnet. Nach dem Ersten Weltkrieg erlebte es durch den Wiener Schauspieler und Regisseur Alfred Huttig eine Blütezeit, die es nahezu gleichwertig neben die Bühnen der deutschen Großstädte stellte. Viele junge Talente fanden von hier den Absprung zu einer ruhmvollen Karriere, wie Paula Wessely, G. Schörg oder Albin Skoda.

165 Die alte deutsche Siedlung WALTIRSCHE wird von einer schmucken Kirche beherrscht. Der spätgotische Bau entstand gegen Ende des 16. Jahrhunderts durch Friedrich von Salhausen und seinen Bruder Heinrich. Der aus Stein des Elbesandsteingebirges gestaltete Hauptaltar zeigt die Kreuzigung, Auferstehung und Himmelfahrt Christi von der Hand eines unbekannten Meisters. In der Kirche befinden sich zahlreiche Grabdenkmäler, sehr eindrucksvoll wirkt das des Edlen von Bock. Neben der Kirche steht eine Gruftkapelle mit den Gräbern des Adelsgeschlechts der Chotek.

166 Zwischen Obstbäumen in einer lieblichen Talweitung am Fuße des Radischken liegt am rechten Elbufer das Dorf SCHWADEN; im Hintergrund die Industrieanlagen von Aussig. Das Schwadener Schloß aus dem 17. Jh., seit 1814 eine Ruine, gehörte denen von Salhausen. Die St. Jakobskirche, ein gotischer Bau, in der Renaissance umgestaltet, stammt aus dem Jahr 1474 und enthält wertvolle Skulpturen, einen Altar (1606) von Lorenz Hörnig aus Pirna und eine Kanzel (1620–1630) von Hans Schwencke. In der Gruft unter der Sakristei befinden sich die Grabstätten derer von Salhausen.

167 An einem alten, wichtigen Übergang über das Erzgebirge liegt die Siedlung NOLLENDORF, die schon 1382 ein selbständiger Pfarrort gewesen sein soll. Der Nollendorfer Paß in 701 m Höhe trennt das Erzgebirge vom Elbesandsteingebirge. Die nahe Karl-Weis-Warte, vom Aussiger Gebirgsverein errichtet, gewährt eine großzügige Aussicht vom Hohen Schneeberg über das gesamte Böhmische Mittelgebirge bis nach Prag. Der in historischer Zeit viel benutzte Übergang brachte den Nollendorfern schwere Kriegsdrangsale. 1813 fiel hier die Entscheidung in der Schlacht bei Kulm.

168 Gegenüber der Schäferwand, an der Einmündung des Polzen in die Elbe, steht auf einem steilen, über 50 Meter hohen Felsen das einst der Familie Thun gehörende Schloß der Stadt TETSCHEN mit seinem viereckigen, eine Wetterfahne tragenden Turm. Das Renaissanceschloß, errichtet auf den Resten einer Przemyslidenburg, wurde vom 16. bis 18. Jahrhundert im barocken Stil umgestaltet. In dieser Stadt an der Elbe, einem wichtigen Umschlagsplatz für den Schiffsverkehr, treffen zwei Eisenbahnverkehrsstränge zusammen und überqueren in Brücken den hier schon stattlichen Strom.

169 Der Blick über die Elbe auf die Gemeinde NESCHWITZ zeigt die Überfuhr, die bei normalem Wasserstand mit der Prahme (an einem Stahlseil hängend), bei Hochwasser mit einem handbetriebenen Kahn erfolgte. Die ertragreiche Obstbauernte (hauptsächlich Äpfel und Birnen), von der die Bewohner der Gemeinde überwiegend lebten, wurde mit Zillen durch die ortsansässigen Händler von hier aus verschifft. Die Pfarrei Neschwitz gehört zu den ältesten des Gebietes. Die Pfarrkirche ist ein spätbarockes Werk, an dem auch der Baumeister Johann Santin Aichel mitwirkte.

170 BÖHMISCH KAMNITZ ist ein städtebauliches Schatzkästlein. Neben der Stadtpfarrkirche St. Jakob aus dem Ende des 16. Jahrhunderts, der barocken Wallfahrtskirche, dem Fürst Kinskyschen Schloß (Hauptflügel aus der Frührenaissance) und zahlreichen Patrizierbauten haben sich sehr viele Fachwerk- und Umgebindehäuser sowie – auf der Abbildung zu sehen – einige Häuser in der charakteristischen nordböhmischen Holzbohlenbauweise erhalten. Unter Wenzel I. als Königliche Stadt genannt. 1380 wurde das Kamnitzer Stadtbuch, eines der ältesten in Böhmen, angelegt.

171 Die Gemeinde TYSSA in der Böhmischen Schweiz im Schutze ihrer steil aufragenden und vielzerklüfteten Felsformation war nicht nur ein bekannter Luftkurort. Die um die Mitte des 18. Jahrhunderts entstandene Siedlung hatte in ihrer Knopf- und Metallwarenherstellung, aber auch in der Herstellung von Baubeschlägen und Metallgießereierzeugnissen eine ortsgebundene Industrie. Bekannt wurde der Ort durch die »Tyssaer Wände« mit ihren bizarren, für Kletterübungen benutzten Felstürmen, ein über 600 Meter hoher, steil abfallender Felsvorsprung des Elbesandsteingebirges.

172 Beklemmend wirkt auf den Betrachter der Steilabfall des WOTANSKEGELS in der Böhmischen Schweiz bei Tetschen. Nur in hochalpiner Technik ist es dem Bergsteiger möglich, mit Seilsicherung die Wand emporzuklimmen. Wie hier am Wotanskegel strömen zu den bizarren Kletterfelsen dieses Naturparadieses unweit des Elbedurchbruches ins Sächsische Freunde des Klettersports von weither zusammen, um ihren Mut und ihr Können an den glatten und schwierigen, oft auch überhängenden Felsformationen zu erproben. Kletterschulen vermittelten den nach höheren Zielen strebenden Wagemutigen den ersten tastenden Halt und den Fingern den sichernden Griff in den Querformationen der Sandsteintürme. Den seltsamen Felsgebilden, die aus der Landschaft emporragen, hat die Phantasie die verschiedensten Namen gegeben. So finden wir hier nicht nur den Wotanskegel, sondern das Medusenhaupt, den Doktor, den Apotheker, den Ritter, das Königstor, das Kamel.

173 In dem engen Tal, das von Niederwellhotten zu den südwärts gelegenen Höhen führt, ragt ein mehrzackiger, steiler Basaltkegel empor, einer mächtigen, zerklüfteten Pyramide gleich: der SPERLINGSTEIN, von Tichlowitz elbabwärts über die Gemeinde Niederwellhotten zu erreichen. Das Umgebindehaus inmitten der blühenden Obstbäume vermittelt einen Eindruck von Schönheit und Reiz der Elbelandschaft. Die Einschicht Sperlingstein, auch »unteres Sperlinghaus« oder »Kliemannel« genannt, wurde 1809 gegründet. Wenig später entstand das abgebildete Haus.

174 EDMUNDSKLAMM bei Herrnskretschen. Sie wird von dem wasserreichen Kamnitzbach durchströmt. Ihren Namen erhielt sie nach dem Fürsten Clary, dem die Erschließung (1890) dieser wildromantischen Klamm zu verdanken ist. Im unteren Teil ziemlich breit, verengt sich das Kamnitztal nach und nach zu einer engen Schlucht, die keinen Platz mehr für einen Weg oder Pfad läßt. Bei der Erschließung mußte dieser durch Tunnel und Felsgestein geführt werden. Die Felswände steigen oftmals in bizarren Formen bis zu 100 Meter hoch an. Der Blick zeigt die Edmundsklamm in ihrem oberen Teil, wo sich der Bach zu einem See angestaut hat und sich nahezu einen Kilometer lang zwischen steilen Felsen hindurchwindet. Die Kahnfahrt führt über dunkle Wasserbecken, in denen sich die Wände und ihre Bäume spiegeln, und geht schließlich in die »wilde Klamm« über, die den oberen Teil des Kamnitzgrundes bildet.

175 Der Name der Stadt HAIDA, am Fuß des 961 Meter hohen Kleiß, ist mit der Glasveredelungsindustrie Böhmens untrennbar verbunden. Seit dem 16. Jahrhundert und mit der Erfindung des Glasschnitts im 17. Jahrhundert entfaltete sich hier dieses Kunsthandwerk und eroberte Märkte in Holland und Portugal, wo es sogar Venedig und Murano zu verdrängen vermochte. Hier entwickelte der Glasmacher Franz Egermann das Rubinglas, das nach ihm benannte »Egermannglas«. Die über 80 Glasveredelungsbetriebe fanden in der Haidaer Glasfachschule einen hervorragenden Nachwuchs.

176 Das Pfarrdorf OBER POLITZ liegt westlich von Böhmisch Leipa am Polzenfluß. Das Gotteshaus auf einer Anhöhe im westlichen Teil des Ortes ist ein barockes Gebäude, von dem Leitmeritzer Baumeister Giulio Broggio 1623 an Stelle der alten abgetragenen Kirche begonnen, 1723 nach reichhaltiger Stuckausstattung unter dem Patronat von Anna Maria Franziska, Gemahlin des Großherzogs von Toskana, vollendet. Diese Wallfahrtskirche »Mariä Heimsuchung« wurde im gleichen Jahr auch Sitz eines Erzdekanats. Um die Kirche führt ein Kreuzgang mit der 1726 erbauten Maria-Schnee-Kapelle. Wie der Chronist zu berichten weiß, besuchten allein im Jahr der Fertigstellung des Kirchenbaus über 34 000 Wallfahrer zu Mariä Heimsuchung die Kirche. 1861 wurde sie restauriert. Berühmtester Sohn des Ortes war der Erzdechant Wenzel Hocke, der von 1779 bis zu seinem Tode 1808 in Ober Politz lebte und wirkte. Im Volksmund heißt er der »Hockewanzel«; die Pfarrgemeinde widmete ihm 1908 ein Denkmal.

177 Am nordwestlichen Fuß des Schwoikaer Gebirges liegt südöstlich von Haida in einem romantischen Nord-Südtal das Pfarrdorf BÜRGSTEIN. Aus diesem Tal erheben sich das Schloß und die Kirche mit Pfarrei. Das Schloß wurde Anfang der dreißiger Jahre des 18. Jahrhunderts vom Grafen Johann Josef Maximilian Kinsky erbaut und rund 100 Jahre später umgestaltet. Wesentlich älter ist die Pfarrkirche zu St. Katharina, die, bereits 1327 erwähnt, zu Beginn des 18. Jahrhunderts durch den aus Raudnitz a. d. Elbe stammenden Baumeister Peter Paul Columbani ihre heutige Gestalt erhielt.

178 Ihren Namen leitet die Gemeinde ZEIDLER im nordböhmischen Niederland nahe der sächsischen Grenze von der Bienenzucht ab. Im Ort, der um das Jahr 1100 wahrscheinlich von Wiprecht von Groitzsch gegründet wurde, bestand schon früh eine Imkerei, auch Zeidelweide genannt. Die Wärter der Bienen aber nannte man Zeidler. In späterer Zeit entwickelte sich die Landwirtschaft und entstand eine Strumpfwirkerei, die schließlich zur Wirkwarenindustrie führte. Die knapp 1500 Einwohner zählende Gemeinde inmitten ausgedehnter Wälder war auch ein beliebter Erholungsort.

179 Bereits Mitte des 14. Jahrhunderts wird eine Kirche in SCHLUCKENAU im Niederland erwähnt. Die heutige barocke, dem heiligen Wenzel geweihte Erzdekanalkirche im nordböhmischen Niederland wurde allerdings erst 1714 erbaut. Das Bild des Hauptaltars aus dem Jahre 1725 stammt von dem Planer Maler Johann Georg Schmidt. 1938 erhielt die Kirche einen Kreuzweg. Die Stationen schuf der Hainspacher Kunstmaler Frantze. Die Erzdekanalkirche war für die Katholiken ein Mittelpunkt der vom religiösen und kirchlichen Erleben erfüllten Bevölkerung der »böhmischen Lausitz«.

180 Die Stadt RUMBURG nahe der Grenze, an dem alten Handelsweg von Prag in das sächsische Zittau, ist in einer stark industrialisierten Landschaft angesiedelt. 1587 erwarb Georg Mehl von Strelitz, der deutsche Vizekanzler des Königtums Böhmen, die Siedlung und bedachte sie mit einem Stadtwappen. Die Textilindustrie hat den Charakter der Stadt bestimmt, die sich seit dem 19. Jahrhundert stürmisch entwikkelte. Das Kapuziner-Kloster mit der nach Plänen von Johann L. Hildebrandt erbauten Loretokapelle zählt zu den Sehenswürdigkeiten. Bekannt durch die Krippenschnitzkunst.

181 In einem geräumigen Talkessel, auf drei Seiten von Sachsen umschlossen, breitet sich die Stadt WARNSDORF vor dem Hintergrund der Lausche (791 m) aus. Ursprünglich war der Talkessel, der heute mit Wohnhäusern und Fabriken übersät ist, von einem geräumigen, aus der Zeit der Besiedlung stammenden Bauerndorf ausgefüllt. Daher hat Warnsdorf nach Zusammenschluß mehrerer Gemeinden kein eigentliches Stadtzentrum. Neben der größten Strumpffabrik Europas gab es im »böhmischen Manchester« weitere Textilfabriken sowie große und mittlere Industrieunternehmen.

182 Die Bewohner der Dorfgemeinde OBER KREIBITZ bei Warnsdorf im nordböhmischen Niederland lebten vornehmlich von der Glas- und Hausindustrie. Der landschaftstypische Holzbau der Schmiede bei der alten Glasfabrik erinnert uns daran, daß in dem von Wäldern eingeschlossenen, gebirgigen Ort Glashütten und Glasveredelung heimisch waren. Im Zuge der Industrialisierung ließ der Sog der aufstrebenden Industriestadt Warnsdorf die Bedeutung der Gemeinde immer mehr schwinden. Bekannt war Ober Kreibitz durch die Talsperre des Ober Kreibitzer Baches.

183 Auf einer Stufe des Isersandsteingebirges, unweit des Hirschberger Sees, liegt in einem fruchtbaren Talkessel das Städtchen DAUBA. Die pittoresken Sandsteinrücken der Umgebung haben dieser nordböhmischen Landschaft den Namen Daubaer Schweiz verliehen. Das verträumte Bauernstädtchen war seit dem Ende des 19. Jahrhunderts Sitz eines Hopfenmarktes. Neben dem Grünhopfen wurde auch Mohn angebaut. Ob seiner gepflegten Anlagen und Beschaulichkeit war Dauba eine gesuchte Sommerfrische und Ausgangspunkt für Ausflüge in die Naturschönheiten der Umgebung.

184 Einer altersgrauen Bergfestung ähnlich, liegt auf einer zerklüfteten Sandsteinhalbinsel im Süden des Daubaer Landes das kleine, romantische Felsendorf DRASCHEN. Von dem Felsenvorsprung oberhalb der steilen Abstürze aus reicht der Blick weit in das nordböhmische Hügelland hinein. Dieses Gebiet von großer landschaftlicher Schönheit und Vielfalt gehörte zu den dünnbesiedelten Landstrichen unserer Heimat. Hier waren die Säulen des nordböhmischen Umgebindes so reich verziert wie nirgends, und die breiten, schön gerahmten Fenster trugen sehr üppigen Blumenschmuck.

185 Im Jahre 1806 vernichtete ein furchtbares Brandunglück fast die gesamte Stadt NIEMES einschließlich der aus dem 17. Jahrhundert stammenden Kirche, einem Werk des Italieners Giulio Broggio. Die Bauwerke des 7000 Einwohner zählenden Ortes an der alten Zollstraße von Prag nach dem sächsischen Zittau entstanden zumeist um die Jahrhundertwende, lassen aber die ursprüngliche Siedlung an der alten Zollstraße noch erkennen. Der Name der Stadt rührt von dem adeligen Geschlecht der »Nemans« her, das im Zusammenhang mit der Siedlung bereits 1262 erscheint.

186 Die schmucke Bergkapelle auf dem Kalvarienberg bei GROSS MERGTHAL wurde 1750 erbaut und im Laufe der Zeit mehrfach vergrößert. Der Kalvarienberg war schon sehr früh Ziel von Leidtragenden und Kranken, die am Kreuze Trost suchten. Jedes Jahr prozessierten in Erfüllung eines Pestgelöbnisses die Bewohner des nahen Lichtenwalde zur Kapelle. Zu Rosalie am 4. September schlossen sich auch die Groß Mergthaler mit den beiden geschmückten Madonnen von Ober und Nieder Lichtenwalde an. Vor dem Kirchlein steht eine Ecce-Homo-Säule, 1673 geschaffen, die früher beim Kirchenaufgang der Dorfkirche in Groß Mergthal stand. Die Veranstaltungen auf dem Kalvarienberg – Prozessionen und Wallfahrten aus verschiedenen Anlässen – glichen einer Bergpredigt nach biblischem Vorbild; viele der Pilger hatten in dem kleinen Bergkirchlein keinen Platz und knieten oder saßen auf der Ostseite bis hinauf unter die Bäume am Gipfel des Kalvarienberges.

187 Auf dem Marktplatz von DEUTSCH GABEL steht die 1686 errichtete Pestsäule mit der Statue des triumphierenden Jesu. Gabel, das erst in unserem Jahrhundert den Beinamen »Deutsch« bekam, hat im 14. Jahrhundert Stadtrechte erhalten. Eine Sehenswürdigkeit der Stadt, in der es noch viele Häuser des Spätbarock gibt, ist das Dominikanerkloster mit der imposanten Kuppelkirche St. Laurentius, die nach Plänen Lucas von Hildebrandts durch den Italiener Bianchi erbaut wurde. 1813 hielt sich Napoleon auf dem Weg nach Schlesien in Deutsch Gabel auf, auch Kaiser Joseph II. weilte hier.

188 Auf einem 60 m hohen Basaltkegel erblicken wir das majestätische Schloß FRIEDLAND. Zu Beginn des 11. Jahrhunderts soll auf diesem Felsen ein Wartturm erbaut worden sein, gleichsam als Wegweiser in der Waldwildnis. Der Schloßbau hatte seinen Ursprung in einer Burg des 13. Jahrhunderts und ist einer der ältesten und besterhaltenen in Böhmen. Der berühmteste Besitzer war Albrecht von Waldstein. Nach seinem Tode ging das Schloß in den Besitz der Gallas und seit 1737 der Familie Clam-Gallas über. Im Dreißigjährigen Krieg von den Schweden besetzt und in den Schlesischen Kriegen gebrandschatzt, wurde der Bau von 1868 an vollkommen renoviert. Der steil aufragende Wartturm, dessen Grundmauern noch von dem ursprünglichen Wegweiser herrühren, gestattet eine herrliche Aussicht auf das Isergebirge. Die reichen Sammlungen, die in Jahrhunderten zusammengetragen wurden, sind heute ein Teil des nach der Enteignung des Schlosses im Jahre 1918 entstandenen öffentlichen Museums.

189 Die Wallfahrtskirche zur Heimsuchung Mariä in HAINDORF bei Friedland wurde nach Plänen Fischer von Erlachs im Jahre 1721 in Form eines Kreuzes mit zwei Türmen und sechs Kapellen erbaut. Ein sie umgebender Kreuzgang führt zu dem 1691 vom Grafen Franz Ferdinand Gallas gegründeten Franziskanerkloster. Kloster und Kirche brannten 1762 fast gänzlich ab, wurden aber unter Johann Christof von Clam durch den Prager Baumeister Theodor Haffenecker in alter Form wieder hergestellt. Bereits im 13. Jahrhundert hatte Bernhard von Biberstein bei einem Marien-Gnadenbild eine Kapelle bauen lassen, zu der schon damals Wallfahrten stattfanden. Das wundertätige Marienbild, eine kleine Holzstatue, steht in der Kirche unter Glas auf dem Hochaltar. In der ehemaligen Marienkapelle befinden sich die Familiengrüfte der Grafen Gallas und der Familie Clam-Gallas. Alljährlich zu Marienfesten strömten Zehntausende Pilger aus Böhmen, Sachsen und Schlesien nach Haindorf.

190 Wälder, grüne Wiesen und Moorlandschaften prägen den Charakter des ISERGEBIRGES, das den nordwestlichen Teil des Gebirgszuges der Sudeten in nordwestlich-südöstlicher Richtung bildet. Zwischen den bewaldeten Bergkuppen liegen die für diesen Landstrich so typischen Moore. Träge bewegen sich die Bäche inmitten des Nadelwaldes, wie hier der Oberlauf der Iser, die der Landschaft und dem Gebirge den Namen gab. Im Hochsommer wachsen Pilze und Beeren an den Waldrändern. Die Siedlungen sind weit verstreut. Karg wie die herbe Umwelt war das Leben in der Isergebirgslandschaft, gering waren die Bedürfnisse der Menschen. Die Erwerbsmöglichkeiten blieben zumeist auf Hausweberei, Holzwarenerzeugung und andere Heimarbeiten beschränkt. Auf dem Holz- und Mineralienreichtum beruhten die Glashütten.

191 Das Jagdschloß in NEUWIESE, in der Einschicht der Gemeinde Friedrichswald unweit Reichenbergs im Isergebirge gelegen, hat eine lange Geschichte, die bis in die Zeit des Dreißigjährigen Krieges zurückreicht. Damals wurde in dieser Urlandschaft Holz geschlagen, mehr als 100 Jahre später entstand hier eine Glashütte. Das Herrenhaus für den Meister der Glashütte in dieser idyllischen Waldeinsamkeit war der Vorläufer des heutigen Baues. Mitte des 19. Jahrhunderts wurde es zu einem Jagdschlößchen umgebaut, nachdem die Glashütte wegen sinkender Erträge aufgegeben worden war.

192 Im engen Tal des Eckersbaches liegt CHRISTOPHSGRUND im Jeschkengebirge. Die ersten Bewohner des Ortes sollen Kohlenbrenner und Bergleute gewesen sein. Die Bergwerke, im 14. Jahrhundert noch ergiebig, wurden später wegen geringer Ausbeute aufgelassen. Nur einige zerfallene Schächte zeugen davon. Das romantische Tal, nach seinen vielen Holunderbüschen auch »Holundergrund« oder »Clamsche Schweiz« genannt, war ein beliebtes Ausflugsziel der Reichenberger und ob seines Pflanzen- und Insektenreichtums von Botanikern und Entomologen aufgesucht.

193 Ein geschätztes Ausflugsziel im Isergebirge war die KÖNIGSHÖHE auf dem Friedrichswalder Kamm mit ihrer vierkantigen steinernen Aussichtswarte und dem schmucken Einkehrhaus in 825 m Höhe. Von der Königshöhe aus hatten die Reichenberger, die dieses Ziel über Friedrichswald erreichen konnten, eine einmalige Rundsicht: im Westen der Jeschken, dahinter die Bösige und der Kleis, westlich das Lausitzer Bergland und östlich sogar Teile des Riesengebirges. Das Bild vermittelt einen Eindruck von der Hügellandschaft und den ausgedehnten Waldungen des Isergebirges.

194 Das NEUE RATHAUS der Stadt Reichenberg am Altstädter Platz mit seinem 56 m hohen Turm wurde von dem Architekten Franz von Neumann in den Jahren 1888 bis 1892 errichtet. Es sollte an Stelle des alten Magistratsbaus, unter Katharina von Redern 1599–1603 im Renaissancestil entstanden, ein repräsentatives, der Bedeutung der Stadt als wirtschaftliches Zentrum entsprechendes Bauwerk werden. Es war daher naheliegend, dieses in der Bauweise dem neugotischen Stil des Wiener Rathauses anzupassen. Reichenberg, seit 1577 Stadt, verdankt seinen Aufstieg der bis ins Mittelalter zurückreichenden Tuchmacherei sowie der raschen Industrialisierung der Stadt und ihres Umlandes in der zweiten Hälfte des 19. Jahrhunderts. Die Aufnahme zeigt das Rathaus in der Silvesternacht 1937 mit dem Metzner-Brunnen im Vordergrund.

195 Die Silhouette der regsamen nordböhmischen Metropole REICHENBERG läßt neben repräsentativen Industriebauten und Bürgerhäusern den steilaufragenden neugotischen Rathausturm und den aus dem 17. Jahrhundert stammenden Turm der Erzdekanalkirche St. Anton der Einsiedler erkennen. Reichenberg beherbergte nicht nur zahlreiche Industriebetriebe, es war auch der kulturelle und geistige Mittelpunkt Deutschböhmens. Das Gewerbemuseum, die Bücherei der Deutschen sowie wissenschaftliche und volksbildnerische Vereinigungen unterstreichen diesen Anspruch.

196 Der Rundblick vom Gipfel des 1013 Meter hohen JESCHKEN nimmt unter den Aussichtspunkten des deutschen Mittelgebirges einen hervorragenden Platz ein. Er wird an Großartigkeit nur von wenigen erreicht, an Mannigfaltigkeit und Schönheit der Landschaftsbilder kaum übertroffen. Von hier aus erreicht an klaren Tagen der Blick einen Umkreis von weit mehr als 100 Kilometern, erfaßt einen großen Teil Böhmens bis gegen Mähren und zum Böhmerwald hin und auf der anderen Seite bis weit nach Sachsen. Aus der 1847 errichteten hölzernen Schutzhütte entstand 1906 ein Berghotel, das nach dem Brand von 1963 in moderner Form wieder errichtet wurde. 1933 wurde eine 500 m Höhe überwindende Drahtseilbahn auf den Jeschkengipfel gebaut. Der Hausberg der Reichenberger war von nun an nicht mehr nur in einem mehrstündigen Anmarsch, sondern in wenigen Minuten erreichbar.

197 An einem Waldrand in Schumburg-Gistei begenen wir einem für die nordböhmische Landschaft typischen Holzhaus: dem KITTEL-HAUS. Die Aufnahme zeigt das sagenumwobene, Mitte des 18. Jahrhunderts erbaute Gebäude in herbstlicher Umgebung. Es wurde von dem berühmtesten Sproß der Chirurgenfamilie Kittel, Josef Kittel (1704–1783), mit einem botanischen Garten und Gewächshaus für Heilpflanzen errichtet; in seiner Apotheke vertrieb der Wunderdoktor eigene Arzneien. Er ließ eine Kirche und eine Schule errichten, die Gemeinde wurde zum Pfarrdorf erhoben.

198 Bei der Herstellung kleiner Glasartikel, durch die die Glasindustrie des Isergebirges berühmt geworden ist, hat sich, von der Glashütte losgelöst, die Glasdrückerei entwikkelt. Auch in der Gemeinde LABAU, am bewaldeten Südhang des Schwarzbrunngebirges gelegen, fand dieser Industriezweig Mitte des 19. Jahrhunderts Eingang. Die alte Mühle mit Glasdruckhütte ist eine der zahlreichen gewerblichen Betriebe, die seit der Gründung eines Glashüttengutes im Jahre 1558 durch einen aus dem Erzgebirge stammenden Glasmeister in dieser waldreichen Gegend entstanden sind.

199 Nach einem Entwurf des Reichenberger Professors Karl Winter entstand zu Beginn der dreißiger Jahre unseres Jahrhunderts in einer Bauzeit von knapp zwanzig Monaten der repräsentative Bau des neuen Rathauses der Stadt GABLONZ a. d. Neiße. Damals zählte die in amerikanischem Tempo anwachsende Industriesiedlung bereits 2 800 Häuser mit 37 500 Einwohnern und nahezu 1 000 Betrieben. Mit dem Bau dieses in die Zukunft weisenden Rathauses mit seinem mächtigen Turm schuf sich Gablonz zugleich ein bleibendes Denkmal seines Rufes und Ruhmes als Zentrum der Glas- und Schmuckwarenindustrie, die mit dem Namen dieser Stadt in die Industriegeschichte eingegangen ist. Aus dieser Zeit der wirtschaftlichen Blüte stammt auch die 1930/31 erbaute Herz-Jesu-Kirche, ein Werk des einheimischen Architekten Josef Zasche; neben dem Rathaus ist sie das markanteste Gebäude der Stadt.

200 Die Städtische vierklassige HANDELSAKADEMIE in Gablonz, 1899 eröffnet, war die erste in der Österreichisch-Ungarischen Monarchie. Die Ausbildung an der Schule – Vorläufer der heutigen Wirtschaftsoberschule – umfaßte alle Bereiche von Wirtschaft und Handel. Dieser Schule kam in der aufstrebenden Stadt »als Hort des Handelsstandes zur Weiterentwicklung der bisherigen Weltindustrie und des Welthandels« – wie es bei der Festansprache bei der Eröffnung der Anstalt hieß – eine Schlüsselrolle zu. Einflußreiche Wirtschaftsführer sind aus ihr hervorgegangen.

201 Der Kammweg auf dem RIESENGEBIRGE bildet nicht nur die Grenze zwischen Böhmen und Schlesien, er ist auch die Wasserscheide zwischen Elbe und Oder. Von den Südabhängen dieses mächtigen, aus Granit, Gneis, Glimmerschiefer und Basalt geformten Gebirgszuges fließen über den Umweg Böhmen alle Wasser nach Deutschland. Seit alters war das Riesengebirge eine sagenumwobene Landschaft. Zur Symbolfigur für dieses naturgewaltige Gebirge mit Hochgebirgscharakter, in dem die Siedler aus ostfränkischem Stamm seit der schubweisen Erschließung in stetem Kampf mit der Natur standen, wurde der Berggeist Rübezahl. Auch nach der Vertreibung der deutschen Bevölkerung, diesseits wie jenseits des Kammes, bleibt das Riesengebirge ein untrennbarer Teil der deutschen Landschaft.

202 In einem engen Tal, von den sich abflachenden Höhenzügen des Riesengebirges eingeschlossen, liegt GROSS AUPA. Hier fließt der im Oberlauf ungestüm herabstürzende Aupafluß schon etwas gemächlicher. Wie Perlen an einer Kette reihen sich die Häuser entlang des Flußlaufes; an den Berglehnen aber sind die Gehöfte weit verstreut. Holzfäller und Bergknappen sollen in Groß Aupa bereits im Mittelalter angesiedelt worden sein. Sie hatten sich in einer Höhe von 800 bis 1 000 Metern in die Wildnis vorgewagt – so berichtet die Überlieferung über die älteste Geschichte der aus drei Ortsteilen bestehenden Streusiedlung. Verbannte italienische Adelige (Welsche) trieben Akkerbau, Viehzucht und Fischerei, verkauften Forellen in das nahe Schmiedeberg. Die weitverstreuten, zahlreichen Bauden kennzeichnen diese Riesengebirgslandschaft am Fuße der Schneekoppe. Die 670 Bewohner der Siedlung lebten vorwiegend vom Fremdenverkehr: Gasthäuser standen im Sommer wie im Winter für die von weither kommenden Gäste bereit.

203 Die Umgebung der ELBFALLBAUDE, die, in 1284 m Höhe gelegen, zu den besteingerichteten der zahlreichen Bauden des Riesengebirges zählte, weist die botanisch interessantesten Fundstellen einer in diesen Breiten einzigartigen Flora auf. In der Nähe der Baude, am Ende der Elbwiese, stürzt der Elbfall über 50 Meter in die Tiefe und unweit davon der Pantschefall, mit über 250 Metern der höchste Wasserfall im Gebirgszug der Sudeten. Im Winter war die schneesichere Elbfallbaude auch ein beliebter Ausgangspunkt für Skiwanderungen zur Schneekoppe und zur nahen Kesselkoppe.

204 In einem Talkessel, in dem die Große Aupa, das Zehgrundwasser und zwei weitere Bäche zusammenfließen, begegnen wir in 780 m Höhe an der Brunnbergseite des Riesengebirges dem Wintersportort PETZER. Der Blick in die verschneite Landschaft der Stufenseite vermittelt die Weite der sich schier endlos dehnenden Höhenzüge. In den letzten Jahren hat sich dieser Ortsteil von Groß Aupa mit Skigelände, Sprungschanze und mehreren Rodelbahnen zu einem vielseitigen Wintersportplatz entwickelt und Erinnerungen an die Pionierzeit des Skilaufs wach werden lassen.

205 Die SCHNEEKOPPE mit einer Höhe von 1605 Metern und dem steil abfallenden Riesengrund ist nicht nur in winterlich tief verschneiter Landschaft ein wahrhaft majestätischer Berg von nahezu alpinem Charakter. Das Riesengebirge erstreckt sich in zwei parallelen Gebirgszügen, einem südlichen in Böhmen und dem nördlichen jenseits der Grenze, und bildet die höchsten Erhebungen des langgestreckten Zuges der Sudeten. Die Besiedlung dieser urtümlichen Riesengebirgslandschaft erfolgte zumeist von Schlesien aus; früh entstanden Waldhufendörfer und Streusiedlungen.

206 Zu den Sehenswürdigkeiten der einstigen Bergstadt HOHENELBE zu Füßen des Riesengebirges gehören die ältesten schlesischen Laubenhäuser der Tuchmacher in der Hauptstraße. Sie erinnern daran, daß in der einstigen Bergstadt, die aus einer im 13. Jahrhundert entstandenen Waldsiedlung im Mittelalter erwuchs, nach dem Versiegen des Bergbaus die Tuchmacherzünfte das Leben der Stadt beherrschten. Später trat die Textilindustrie ihren Siegeszug an, und im Sog der Industrialisierung begannen die Schornsteine das Stadtbild zu bestimmen. Seit Mitte des 19. Jahrhunderts war Hohenelbe auch ein Eingangstor für die Besucher des Riesengebirges. Um diese Zeit entstand in Hohenelbe das Riesengebirgsmuseum, vom Riesengebirgsverein 1883 gegründet, das auch heute noch besteht und dem Besucher ein anschauliches Bild über Land und Leute, aber auch Erzeugnisse heimischer Glaskunst vermittelt.

207 Das gräflich Czernin-Morzinsche SCHLOSS in Hohenelbe ist ein quadratischer Bau mit vier Kuppeln tragenden Ecktürmen, die die Jahreszeiten symbolisieren sollen, der Ende des 19. Jahrhunderts sein derzeitiges Aussehen erhielt. Das Schloß wurde Mitte des 16. Jahrhunderts durch den königlichen Rat und Berghauptmann Christoph von Gendorf errichtet, dem Hohenelbe seine Stadterhebung verdankt. Das später barockisierte Schloß gehörte von 1624 an Albrecht von Wallenstein, bis es schließlich im Jahre 1881 in Besitz der Grafen Czernin-Morzin kam. Nach seinem Umbau besaß das Schloß 12 Eingänge (für die Monate), 52 Räume (für die Wochen) und 365 Fenster (für die Tage des Jahres). Ursprünglich war die Siedlung Hohenelbe ein Kirchdorf des Benediktinerklosters Opatowitz und ein Lehensgut Trautenaus, in dem Silberabbau betrieben wurde.

208 Das in der Mitte der Westseite des Ringplatzes in ARNAU stehende Rathaus wird von einem kunstvollen Turm gekrönt, dessen Sgraffito-Malereien lange Jahre übertüncht waren und erst 1912 wiederentdeckt und restauriert wurden. Unterhalb des Umgangs befindet sich die alte Stadtuhr aus dem Jahr 1789. Die Sehenswürdigkeit dieses Rathauses sind die in der Höhe des ersten Stockwerks aufgestellten, nahezu sechs Meter hohen Steinfiguren, die »Riesen«. Einst sollen ihresgleichen sich in der Gegend der heutigen Stadt Arnau aufgehalten haben, nach denen das Riesengebirge angeblich seinen Namen erhielt. Zum Gedächtnis für die Nachwelt wurden am Rathaus die steinernen Giganten angebracht. Im Vordergrund die 1681 errichtete Pestsäule zur Erinnerung an die Seuche, die die Stadt heimsuchte, mit den Statuen der Heiligen Sebastian, Rochus, Johannes, Franziskus, Antonius und Ignatius.

209 Die innere Stadt in ihrer gedrängten Bauweise, zumal der Ringplatz in TRAUTENAU mit seinen Laubengängen, dem Rübezahlbrunnen im Vordergrund und der 1704 erbauten Dreifaltigkeitssäule, vermitteln uns einen bildhaften Eindruck von der seit dem 13. Jahrhundert bestehenden Stadt an der Aupa in Blickweite des Riesengebirges. Den entscheidenden Antrieb brachte die Leinenindustrie, die sich als im Haus betriebenes Gewerbe seit dem späten Mittelalter entwickelt hatte und die Trautenau in den letzten hundert Jahren zu einem der wichtigsten Flachsmärkte werden ließ.

210 SCHATZLAR hat um 1800 seinen heutigen Namen von einer Burg erhalten; vordem hieß die Siedlung »Bergstadtl«. Die von Herzog Sobieslaus im Jahre 1136 zum Schutze des Grenzweges angelegte Burg diente früher als Zollstation. Aus dem 17. Jh. stammen die ersten Nachrichten über den Steinkohlenbergbau in der Herrschaft Schatzlar; seit dem 19. Jh. hat er das Antlitz der Siedlung mitgeprägt. Zum Bergbau gesellten sich später Flachsspinnereien, Glas- und Porzellanindustrie. Nach 1945 blieben zunächst viele Bewohner der Stadt als Fachkräfte von der Vertreibung verschont.

211 Die Felsenstadt WEKELSDORF wurde erst 1824 durch einen Waldbrand entdeckt und in den vierziger Jahren des vorigen Jahrhunderts erschlossen. Der Eingang liegt nahe der beiden zur Gemeinde Wekelsdorf gehörenden Ortsteile Stegreifen und Buchwaldsdorf und ist von der Ortsmitte auf einem landschaftlich reizvollen Weg zu erreichen. Die malerischen Felswände von Wekelsdorf sind ein isolierter Bestandteil des großen böhmischen Kreidesystems und bestehen fast ganz aus reinem Quarzsandstein, der im Laufe der Zeit durch mechanische Einwirkungen zerlegt wurde. Als größte Merkwürdigkeit der Felsenstadt gilt der Dom, eine beängstigend enge, dreißig Meter hohe Felshöhle mit hervorragender Akustik. Die Felsenstadt ist alljährlich das Ziel Zehntausender von Naturfreunden und Touristen.

212 Die Kirche Sankt Adalbert und das Kloster in BRAUNAU zählen zu den großartigsten Kunstwerken des Barock in Böhmen. Die Klosterkirche wurde nach Bränden in den Jahren 1669 und 1684 unter Abt Sartorius im barocken Stil durch die Baumeister Martin und Johann Allio, die der Bauhütte Carlo Luragos in Prag angehörten, nach dem Vorbild des Passauer Doms völlig umgebaut. Die Fresken schuf Johann Jakob von Steinfels, der plastische Schmuck einschließlich der Statuen stammt von Matthäus Wenzel Jäckel, die Bilder der Seitenaltäre von Wenzel Laurenz Reiner aus Prag. Unter Kilian Ignaz Dientzenhofer wurde der Vorraum zwischen äußerem Tor, Kloster und Kirche in den Jahren 1723 bis 1730 aufgeschüttet, man legte eine Treppe an und schmückte Terrasse, Mauer und Balustrade mit Statuen von Karl Hiernle aus Prag, der der Bauhütte Dientzenhofers zugehörte.

213 Nach Prag war KUTTENBERG im Mittelalter die vornehmste und reichste Stadt Böhmens. Quelle dieses Reichtums war der Silberbergbau, der von den ins Land gerufenen deutschen Bergleuten betrieben und bis zum 18. Jahrhundert aufrechterhalten wurde. Ein steinernes Monument dieser Vergangenheit ist die eindrucksvolle gotische St. Barbarakirche, eines der wertvollsten Baudenkmäler Europas, von Peter Parler begonnen und von Benedikt Ried 1547 vollendet. Das monumentale barocke Jesuitenkolleg daneben wurde von Domenico Orsi in den Jahren 1626 bis 1667 errichtet.

214 Der weiträumige Marktplatz von KÖNIGGRÄTZ zeigt den majestätischen Charakter dieser königlichen Leibgedingstadt, die oftmals Sitz böhmischer Königinnen-Witwen war. Die zweitürmige Heilig-Geist-Kirche aus dem 14. Jh., ein Ziegelbau, wurde 1664 mit der Errichtung des Bistums Königgrätz zur Kathedralkirche. Hinter dem Jesuitenkolleg der fast 70 m hohe, in den Jahren 1574 bis 1589 erbaute Weiße Turm. Auf dem Marktplatz steht die 1737 errichtete barocke Mariensäule. Bei Königgrätz fand 1866 die Entscheidungsschlacht zwischen den Preußen und Österreichern statt.

215 Unberührter Natur begegnen wir im ADLERGEBIRGE, das mit seinen langgedehnten Haupt- und Nebenkämmen in anmutigem Wechsel von Berg- und Tallandschaften gegliedert ist. Die Adler, die aus dem Grulicher Land kommt und als linker Nebenfluß der Elbe bei Königgrätz einmündet, durchfließt die Mittelgebirgslandschaft. Zahlreiche klare Waldbäche, in denen sich Forellen tummeln, durchrauschen die engen Täler. Die Schönheit dieser reizvollen Mittelgebirgslandschaft hat das Adlergebirge zu einem Zufluchtsort der Naturfreunde werden lassen. Die Siedlungen liegen oft stundenweit voneinander. Das Waldland hat die Menschen geprägt, die vor Jahrhunderten als Holzknappen, Flößer, Kohlenbrenner, Glasbläser, Bergleute oder Hammerschmiede kamen, um sich bei der Grundherrschaft zu verdingen. Nicht allein der Kampf um das tägliche Brot, sondern auch der Kampf mit den Naturgewalten hat sie geformt.

216 Nicht weit vom Gipfel des SPIEGLITZER SCHNEEBERGS (1425 m), auch Grulicher oder Glatzer Schneeberg genannt, und seiner 1973 von einer polnischen Militäreinheit in die Luft gesprengten Aussichtswarte entspringt die March, der Hauptfluß Mährens. Die Marchquelle ist wie viele andere des Schneeberggebiets radioaktiv, sie wird von alters her für Heilzwecke genutzt. Das beliebte Volkslied: »Und in dem Schneegebirge, da fließt ein Brünnlein kalt. Und wer das Brünnlein trinket, wird jung und nimmer alt« hat hier seinen Ursprung. Die March bildet in ihrem oberen Teil zwischen dem Böhmischen und Mährischen Kamm des Gebirgszuges die Landesgrenze zwischen Böhmen und Mähren. Der Aufstieg zum Spieglitzer Schneeberg führt von Süden über Mährisch Altstadt und Spieglitz, vom Norden her über das romantische Tal im Wölfelsgrund. Ein längerer Anweg vom östlichen Ramsauer Sattel aus führt durch unberührtes Urwaldgebiet zwischen Fichtlich und Saalwiesen, das sogenannte »Paradies«. Die jetzt gesprengte Warte – der »Kaiser-Wilhelm-Turm« – am Spieglitzer Schneeberg, weithin ins Land sichtbar, ist für Schlesier wie Sudetendeutsche ein Symbol grenzlanddeutschen Schicksals.

217 Die March ist Mährens Hauptfluß. Im Oberlauf ein Gebirgsbach – hier in einer Vorfrühlingslandschaft bei NIEDER MOHRAU –, sieht man dem Gewässer den langen Weg, den es bis zur Einmündung in die Donau nehmen wird, nicht an. Die March entspringt unweit des Gipfels des Spieglitzer Schneebergs und fließt zunächst in südlicher Richtung parallel zur Reichsgrenze, um dann nach einem östlichen Bogen bei Hannsdorf dem Süden zuzustreben. In diesem Bereich ist sie in enge Täler eingebettet. Bei Hohenstadt weiten sich die Täler, und der Fluß fließt gemächlich durch die fruchtbare Ebene der Hanna, der Landschaft der mittleren March. Über das südmährische Bekken mündet die March nach 358 km langem Lauf im Marchfeld in die Donau ein. Ihr wechselvoller und romantischer Weg durch das Mährerland hat leider noch keinen Smetana gefunden, der ihn musikalisch umschrieben hätte.

218 Der Bau der Wallfahrtskirche MUTTERGOTTESBERG auf dem damaligen Kahlen Berg der Stadt Grulich wurde durch Bischof Tobias Johannes Becker von Königgrätz, einen gebürtigen Grulicher, 1696 begonnen; 1706 entstand im Anschluß an die Wallfahrtskirche ein Servitenkloster, das 1883 von dem Redemptoristenorden übernommen wurde. Zur Kirche führt eine ansteigende Allee zum Portal, das von dem Patron der Stadt, dem Erzengel Michael, gekrönt wird, ein Aufgang mit sieben mal sieben Stufen. Rund um den Wallfahrtsort waren zahlreiche Devotionalienstände aufgebaut. Der Muttergottesberg ist bis 1945 alljährlich das Wallfahrtsziel von zigtausend Gläubigen gewesen, die aus Nordmähren und Ostböhmen, ja sogar aus dem benachbarten Schlesien kamen.

219 GRULICH im Adlergebirge, östlichste Stadt Böhmens, ist aus einer Bergwerkssiedlung entstanden und hat seinen altertümlichen Charakter bewahrt. Die Laubengänge am Marktplatz geben ein Bild vom Wohlstand der Bürger dieser Stadt, die durch die Begründung des Wallfahrtsortes »Muttergottesberg« nach Heimsuchungen durch Kriege und Brände zu neuer Blüte kam. Auch durch seine holzgeschnitzten Krippenfiguren war Grulich berühmt. Auf dem Marktplatz erinnert ein Röhrenbrunnen mit einer Spinnerin als Brunnenfigur an die Bedeutung der Textilindustrie für Grulich.

220 Schon im frühen Mittelalter wurden in MÄHRISCH ALTSTADT am Fuße des Spieglitzer Schneebergs Gold und Silber abgebaut. Die alte Bergwerkssiedlung hieß deshalb ursprünglich Alt Goldeck. Kaiser Karl IV. erhob sie sogar zur freien Bergstadt. In den Hussitenkriegen wurden die Bergwerke zerstört. Erst zur Wende des 20. Jh. konnte sich das Städtchen, das oftmals unter Kriegszügen, Truppendurchmärschen und Einquartierungen zu leiden hatte, von dem Niedergang erholen. Aus dieser Zeit stammen die Bürgerhäuser auf dem Platz mit dem Neptunbrunnen.

221 Im äußersten Norden des nach dem Siebenjährigen Krieg Österreich verbliebenen Teiles Schlesiens liegt die alte Goldgräbersiedlung Zuckmantel. Von hier über St. Antoni führt der Weg zum Wallfahrtsort MARIA HILF. Diese Wallfahrtskirche war eine der volkstümlichsten Pilgerstätten im schlesischen Teil des Sudetenlandes, das alljährliche Ziel zahlreicher Wallfahrer. Das ursprüngliche Holzkirchlein auf dem Gottesgabberg sollte in der Zeit des Josephinismus abgerissen werden; die Bevölkerung widersetzte sich jedoch dem Abbruchbefehl. 1805 erfolgten ein Umbau und eine Vergrößerung der Kapelle. Seit 1819 wurden die Wallfahrten wieder aufgenommen. Der Bau der steinernen Kirche entstand in den Jahren 1834 bis 1841 unter dem Erzpriester von Zuckmantel, Philipp Dittrich; viele Pilger legten selbst Hand an.

222 Vom Altvater-Sanatorium geht der Blick über das verschneite FREIWALDAU zum Gräfenberg (632 m). In der Stadtmitte erkennen wir die Propsteikirche mit ihrem spitzen Turm. Von dem einstigen Gold- und Silberreichtum sind heute nur verfallene Schächte an der Goldkoppe übrig geblieben. Bis zum 16. Jahrhundert gehörte Freiwaldau den Augsburger Fuggern, denen es die Breslauer Bischöfe, die ursprünglichen Besitzer, wieder abkauften. Neben Landwirtschaft und Bergbau trat bald die Herstellung von Leinen aus dem heimischen Flachs, die Grundlage der Leinenindustrie.

223 Viel verdankt GRÄFENBERG seinem Sohn Vinzenz Prießnitz (1799–1851), einem Naturheiler und Begründer der Kaltwasserkuren. Der Bauernsohn aus Gräfenberg errichtete 1826 eine einfache Kuranstalt, der 12 Jahre später ein mehrstöckiges großes Steinhaus folgte. Die sehr gediegene Innenausstattung des neuen Prießnitz-Sanatoriums vermittelt einen nachhaltigen Eindruck von der Atmosphäre dieses Kurortes. Durch Prießnitz und seine Kuranwendungen wurde der kleine Ort an der Abdachung des Altvatergebirges, mitten in einer Waldlandschaft gelegen, weltberühmt.

224 Die Steinbrüche im nahen Saubsdorf waren zwar schon seit langem in Betrieb und zu einem wichtigen Erwerbszweig des Umlandes geworden. Mit der systematischen Erforschung der seit geraumer Zeit bekannten TROPFSTEINHÖHLEN am Gemärke in Nieder Lindewiese begann man jedoch erst 1937. Während des Zweiten Weltkrieges wurden die Erschließungsarbeiten eingestellt und erst nach 1945 fortgeführt. 1950 konnte bereits ein Höhlengebiet von 650 Meter Länge der Öffentlichkeit zugänglich gemacht werden. In der Folgezeit kamen neue Teile hinzu. Weitere Höhlen am Gemärke und in Ober Lindewiese sind noch nicht erschlossen. Die gezeigte Höhle befindet sich am Gemärke nördlich von Niederlindewiese in 551 Meter Seehöhe; sie enthält interessante Tropfsteingebilde, tönende Gehänge in mannigfaltigen Formen.

225 Der ALTVATERTURM, ein Steinbau aus Glimmerschiefer, stand auf der höchsten Erhebung (1492 m) des Gesenkes, oder – so die später eingebürgerte Benennung – des »Altvatergebirges«, eines 40 km langen Gebirgszuges, der den Kamm der Sudeten im östlichen Teil zur Oder hin abschließt. Er hat seinen Namen vermutlich aus der Sagenwelt erhalten. Der Berggeist »Altvater«, ein Verwandter Rübezahls, stand bei der Namensgebung Pate. 1897 hatte der Mährisch-Schlesische Sudetengebirgsverein auf einer Generalversammlung den entscheidenden Anstoß zum Bau des Turms auf dem Altvater gegeben. 15 Jahre später wurde der Bau vollendet. Sommers wie winters war der Altvater Ziel der Deutschen aus Nordmähren und Schlesien. Heute steht dieses Wahrzeichen der Heimat nicht mehr. Es wurde, da angeblich baufällig, durch Pioniere des tschechischen Militärs gesprengt. An seine Stelle wurde ein moderner Fernsehturm gesetzt, der die Erinnerung an die deutsche Vergangenheit dieser Heimatlandschaft auslöschen soll.

226 In 785 m Seehöhe war BAD KARLSBRUNN am Fuße des Altvaters und am Ursprung der Weißen Oppa der höchstgelegene Kurort der Sudeten. Seinen Namen hatte er erst 1802 durch Erzherzog Karl erhalten. Vordem hieß die wegen der Heilwirkung ihrer Quellen weitbekannte Siedlung Hinnewieder. Die Kuranstalt wurde 1780 vom Hochmeister des Deutschen Ordens, Erzherzog Maximilian, gegründet. Alte Holzbauten, die barocke Holzkapelle Hubertus und neue, mit dunkelgetönten Holzbalken versehene Häuser geben dem Kurort ein der Landschaft angepaßtes Gepräge.

227 Schon im 13. Jahrhundert war FREUDENTHAL mit Magdeburger Stadtrecht ausgestattet. Zu dieser Zeit wurde in der Umgebung nach Gold und Silber geschürft. 1241 erlag der Ort dem Ansturm der Mongolen. Bischof Bruno von Olmütz rief fränkische, sächsische und flämische Bergleute und Leineweber nach Freudenthal und nahm den Bergwerksbetrieb wieder auf. Im Jahre 1624 kam Freudenthal in den Besitz des Deutschen Ritterordens. Die nahezu 10000 Einwohner zählende schmucke Stadt war von 1621 bis zum Ende des Zweiten Weltkriegs Sitz der Hochmeister des Ordens.

228 Eine Bergwerkssiedlung »Reymarstat« ist aus der Mitte des 14. Jahrhunderts bekannt. Der mährische Markgraf Jodok erbaute der Siedlung 1378 ein Rathaus und bedachte sie 1406 mit dem Magdeburger Stadtrecht. Wegen ihres reichen Gold- und Silbervorkommens erhielt RÖMERSTADT 1528 die Bergordnung. Nach dem Versiegen des Bergbaues wurden Möbel, Holzwaren und Textilien erzeugt. Die an der Südostabdachung des Altvatergebirges gelegene nordmährische Stadt war Sitz zahlreicher Schulen. Das nahe Gebirge und die sichere Schneelage machten sie zu einem Wintersportort.

229 Der Bau des LINDENKIRCHELS in Römerstadt entstand durch den heimischen Maurermeister Hößler und seine Sohn 1710 bis 1716. In seinem Inneren weist das Kirchlein prachtvolle Stuckarbeiten auf. Die Wand- und Deckenfresken des nordmährischen Barockmalers Johann Christoph Handke (1694–1772), dessen Werke erst in unserem Jahrhundert wiederentdeckt und gewürdigt wurden, haben das Lindenkirchel bekannt gemacht. Von Handke stammt auch das Hochaltarbild des Kirchleins, zu dem am St.-Anna-Fest Prozessionen aus den Nachbardörfern zogen.

230 Burg EULENBERG bei Römerstadt auf einem baumumkränzten Felsen zählt zu den schönsten Burgen Mährens. Sie wurde zu Beginn des 14. Jahrhunderts erbaut und war bis Anfang des 17. Jahrhunderts im Besitz der Herren von Sowinetz. Als Burg des Deutschherren-Ordens unter dem Ordensstatthalter August Oswald von Liechtenstein hielt sie 33 Tage lang einer schwedischen Übermacht unter Torstenson stand. Die Burg Eulenberg war bis zur Vertreibung im Besitz des Deutschherren-Ordens. Die Burggemächer vermitteln einen Eindruck vom Lebensstil der Ritterzeit.

231 Das Rathaus von JÄGERNDORF, im repräsentativen Stil des selbstbewußten Bürgertums nach der Jahrhundertwende erbaut, läßt die Lebenskraft der zweitgrößten Stadt Sudetenschlesiens erahnen. Die zahlreichen Schlote vor dem Hintergrund des Burgbergs vermitteln einen bildhaften Eindruck dieser Industriestadt. Zu ihrer steilen Entwicklung in den letzten 100 Jahren trug die Tuch- und Webstuhlerzeugung entscheidend bei. In Jägerndorf stand die drittgrößte Tuchfabrik der Monarchie und auch das weit über die Landesgrenzen hinaus bekannte Orgelbauunternehmen der Gebrüder Rieger.

232 Nicht nur ein Aussichtsberg ist der im Südosten emporragende BURGBERG (437 m) von Jägerndorf mit seiner doppeltürmigen barokken Wallfahrtskirche. Der Burgberg diente wahrscheinlich bereits als vorchristliche Kultstätte. An die Stelle einer aus dem 13. Jahrhundert stammenden Marienstatue trat 1635 ein Holzkreuz und 50 Jahre später eine kleine Holzkirche, die in der Folgezeit sehr häufig von Wallfahrern besucht wurde. Dank der Stiftung der Baumaterialien durch das Fürstenhaus Liechtenstein konnte 1727 die heutige Wallfahrtskirche errichtet werden. Von hier aus bietet sich eine herrliche Rundsicht: im Westen der Altvater mit Hoher Heide und Peterstein, daneben die Bärenfangkoppe und im Hintergrund die Bischofskoppe. Gegen Osten zu reicht der Blick weit in die oberschlesische Ebene hinein und im Südosten bis zu den Ausläufern der Beskiden.

233 Auf eine stolze fürstliche Vergangenheit weist das Jägerndorfer SCHLOSS hin, das 1552 erbaut wurde und aus der Zeit des Markgrafen Georg von Brandenburg-Ansbach stammt; Jägerndorf, die Hauptstadt des einstigen Herzogtums, war 1523 in den Besitz der Markgrafen von Brandenburg gekommen. Im Jahr 1623 gingen Schloß und Herrschaft an die Fürsten von Liechtenstein über. Vom Schloßhof blickt man auf die Türme der Stadtpfarrkirche St. Martin. Die Kirche ist ein Werk des 13. Jahrhunderts und wurde vermutlich bald nach der Stadtgründung (1247) erbaut. Die Doppeltürme der Kirche gehören zu einem Bau des 14. Jahrhunderts, die malerischen Hauben mit den Umgängen kamen im 16. Jahrhundert hinzu. Nach dem großen Stadtbrand wurde das Kircheninnere, nicht zuletzt dank reicher Stiftungen des Fürstenhauses Liechtenstein, barockisiert und in jenem liebenswürdig-heiteren Stil umgestaltet, der für den schlesischen Landesteil bezeichnend ist.

234 Das schlesische Landesmuseum in TROPPAU, 1882 gegründet, ist eines von vielen repräsentativen Bauwerken der schlesischen Landeshauptstadt, die 1318 Sitz eines von Mähren unabhängigen Herzogtums wurde. Nach der Teilung Schlesiens wurde Troppau Hauptstadt des Kronlandes Schlesien. Der im Neorenaissancestil von den Wiener Architekten Scheiringer und Kachlinger in den Jahren 1892/93 errichtete Bau beherbergte Kunstschätze Schlesiens. Auch heute sind in dem 1945 zu Kriegsende durch Brand beschädigten Museum sehr wertvolle Bestände schlesischer Kunst untergebracht.

235 Im Schillerpark der Landeshauptstadt TROPPAU begegnen wir dem Denkmal des Dichters, 1872 von Albert Freiherr von Klein aus Hermersdorf errichtet. Den Bronzeguß fertigte der Wiener Josef Röhlich an. Den Dichterfürsten Goethe und Schiller waren in vielen anderen Städten des Sudetenlandes Gedenkstätten gewidmet, die in Gegenwehr zum tschechischen Nationalismus die Verbundenheit mit der deutschen Nation demonstrieren sollten. Das Schillerdenkmal wurde 1925 an Stelle des nach dem Ersten Weltkrieg entfernten Denkmals für Kaiser Joseph II. im Freilichtpark aufgestellt.

236 Schloß GRÄTZ bei Troppau wurde aus einer spätgotischen Burg um 1600 zu einem prunkvollen Schloß im Renaissancestil um- und nach dem Brand 1795 in Empireformen wieder aufgebaut. 1777 bis 1945 war es im Besitz der Fürsten Lichnowsky und ist in die Musikgeschichte eingegangen. Hier weilten u.a. Beethoven, Paganini, Liszt und Johann Strauß. 1880 im Stil der englischen Backsteingotik renoviert. Das Wohnschloß, 1945 schwer zerstört, ist im Stil seiner einstigen Bewohner aus dem 19. Jh. wieder instandgesetzt worden. Eigenes Beethovenzimmer und Liszt-Gedenkstätte.

237 Das in den Jahren 1717 bis 1723 errichtete prächtige Barockschloß DEUTSCH KRAWARN ist von einem 22 Hektar umfassenden Naturpark umgeben und birgt eine Fülle von Kostbarkeiten. Das Schloß war der Stammsitz der Familie Eichendorff. Farbenpächtiger Blickfang der über zwei Stockwerke sich spannenden Schloßkapelle, nach Plänen von Johann Bernhard Fischer von Erlach erbaut, ist ein üppiges barockes Deckenfresko. Das Schloß war 1936 durch eine Feuersbrunst schwer beschädigt worden, wurde 1945 restauriert und dient heute als Museum der Kämpfe um Ostrau.

238 Zwischen Mohra und Oder an den sich abflachenden Ausläufern des Gesenkes liegt WIGSTADTL. Der Ort, im frühen Mittelalter im Besitz der Troppauer Herzöge, war stets ein Durchgangsgebiet und wurde in fast allen Kriegen besetzt und durchzogen. Aus der frühen Zeit sind daher kaum noch Bauwerke vorhanden. Die neugotische Pfarrkirche Mariä Himmelfahrt im Bildmittelpunkt entstand zu Beginn unseres Jahrhunderts. Wigstadtl war ob seiner waldreichen Umgebung als Erholungsort sehr geschätzt und ein Anziehungspunkt für Sommerfrischler und Wanderer. Nicht unbedeutend für die Bevölkerung war eine breitgestreute mittelständische Industrie. Neben Webereien gab es die Herstellungen von Seiden- und Bandwaren, Holzwarenerzeugung und in den nahen Schieferbrüchen eine Steinverarbeitung.

239 Im schlesischen Teil des Kuhländchens liegt das Städtchen WAGSTADT, das durch Wok von Krawarn 1329 zur Stadt mit Leobschützer Recht erhoben und ursprünglich Wockinstad genannt worden war. Der Blick auf Wagstadt wird von zwei alten Windmühlen umrahmt. Mittelpunkt des Ortes ist die barockisierte gotische Pfarrkirche St. Nikolaus aus dem 14. Jahrhundert mit ihrem zu Beginn des 17. Jahrhunderts errichteten wuchtigen Turm. Das links erkennbare alte Sedlnitzkysche Renaissanceschloß aus dem Jahr 1595 wurde im 18. Jahrhundert in barockem Stil umgebaut.

240 Das Landschaftsbild in und um die Stadt OSTRAU wird von Schachtanlagen und Kohlenhalden beherrscht. Kohle war die Voraussetzung für den Aufschwung dieser Region des Ostrau-Karwiner Kohlenreviers. Die hier geförderte Kohle gehört zu den qualitativ besten in Mitteleuropa. Ende des 18. Jahrhunderts begann die Förderung, und knapp 50 Jahre später standen hier die größten Hüttenwerke der Monarchie. In den 20er Jahren unseres Jahrhunderts wurde das Industriegebiet zu dem Ort Groß Ostrau zusammengefaßt. Heute ist Ostrau mit 270000 Einwohnern viertgrößte Stadt im Staate.

241 Der Name der Stadt ODRAU ist erst seit Beginn des 17. Jh. gebräuchlich, obwohl die Siedlung an der mährischen Pforte bereits in das 13. Jh. zurückgeht. Das in reizvoller Umgebung am rechten Ufer der Oder gelegene Städtchen hat seinen Namen von dem Fluß erhalten, der im Ostteil des Odergebirges entspringt. Noch vor 200 Jahren wurden in der Umgebung Erze gefördert, später siedelte sich die Tuchfabrikation an, die neben der Landwirtschaft den Erwerbscharakter Odraus bestimmte. Das Barockschloß der Freiherren von Lichnovsky (Anfang 18. Jh.) brannte 1964 ab; gesprengt.

242 FULNEK gehörte einst zum Troppauer Herzogtum. Ulrich von Lichtenburg verwaltete die Stadt, die ein Schöffengericht besaß. Die Siedlung entstand vermutlich Anfang des 11. Jahrhunderts an dem Handelsweg von Mährisch Weißkirchen nach Troppau. Das neue Schloß – hier ein Blick vom Marktplatz aus – war früher im Besitz des Prinzen von Flandern und wurde im 19. Jahrhundert umgebaut. Die durch ihre Tuchmacher und Bandweber bekannte Stadt war zu Beginn des 17. Jahrhunderts ein Hauptsitz der Mährischen Brüder. In ihr wirkte Comenius, bevor er ins Exil ging.

243 Der von dem Bildhauer Franz Barwig geschaffene Bauernbrunnen vor der Mariensäule auf dem quadratischen Marktplatz mit seinen Laubengängen ist ein Symbol für die gewachsene Volkskultur des nordmährisch-schlesischen Kuhländchens und seines Mittelpunktes NEUTITSCHEIN. Die Stadt, weltbekannt durch ihre Tuche und Hückel-Hüte, entwickelte sich um eine Burgsiedlung. Im Hintergrund die alte Post mit zweigeschossigen Renaissance-Arkaden. Das Kuhländchen verdankt seinen Namen der hier betriebenen Viehzucht – oder den Herren von Krawarn? (*kráva* = Kuh).

244 In einer waldreichen Hügellandschaft an den Ausläufern des Gesenkes liegt STADT LIEBAU in einer offenen Talmulde südöstlich von Bärn. Die einst den Olmützer Bischöfen gehörende Siedlung, 1238 urkundlich erwähnt, ist wahrscheinlich nach 1260 durch das Kloster Hradisch gegründet worden und besaß seit 1301 Stadtrecht mit dem Privileg der Abhaltung von fünf Jahrmärkten. Das vor der Vertreibung seiner fast ausschließlich deutschen Bürger mehr als 2200 Einwohner zählende Städtchen beherbergte eine Fachschule, eine Seidenbandfabrik, eine Brauerei und Spielzeugindustrie.

245 In einem Kessel auf der Hochebene des Odergebirges begegnen wir in 500 m Höhe dem Städtchen BODENSTADT. In der gewerbefleißigen, romantischen Siedlung mit alten Zunfttraditionen hatten sich an manchen Häusern noch die aus mittelalterlicher Zeit stammenden Lauben erhalten. Auf dem Marktplatz erinnert eine Mariensäule von 1713 an die Errettung von der Pest. Die Oberkirche im Hintergrund, wie die Friedhofskirche genannt wurde, entstand im 17. Jahrhundert und besitzt wertvolle Fresken. Sie ist der Heiligen Maria geweiht und war lange Zeit das Ziel vieler Wallfahrer.

246 Eine der kleinsten Städte in Mähren war die alte Bergstadt BAUTSCH im Bezirk Bärn. Bautsch gehörte ursprünglich dem Hradischer Prämonstratenserkloster, später dem Olmützer Domkapitel und Bistum. Die große, das Städtchen überragende Barockkirche Mariä Himmelfahrt stammt von dem Fulneker Baumeister Nikolaus Thalherr, der die Kirche im Auftrag des Olmützer Fürstbischofs errichtet hat. Der im nahen Mohratal gelegene erloschene Vulkan Rautenberg war ein beliebtes Ausflugsziel im Umkreis Bautschs. In der Nähe liegt das Herzheilbad Johannisbrunn.

247 In einem vom Wald eingeschlossenen Tal liegt OSKAU, zum Bezirk Sternberg gehörend. Die Siedlung wurde in früherer Zeit »Hütten« genannt, wohl ein Hinweis auf die Verbrennung von Erzen, nach denen man in dieser Gegend schürfte. Nach Stillegung der Gießhütten, etwa in der ersten Hälfte des 18. Jahrhunderts, wurde das waldreiche Tal nach dem Fluß Oskawa oder Oskauer Bach »Oskau« genannt. Der Ort hatte rund 850 deutsche Einwohner, die vorwiegend in Landwirtschaft und Gewerbe beschäftigt waren, und genoß auch einen guten Ruf als Sommerfrische.

248 Um die Burg STERNBERG, im Besitz des bekannten gleichnamigen Geschlechts, entstand 1296 die Stadt. Aus dem gleichen Jahr stammt die dortige Kirche. Später war Sternberg ein Sitz der Brüderunion und der evangelischen Lehre. Von 1695 bis 1945 befand sich die Burg, die zu einem Schloß mit zahlreichen wertvollen Sammlungen ausgebaut worden war, im Besitz der Fürsten Liechtenstein. Mit Sternberg verbindet sich ein tragisches Ereignis: Am 4. März 1919 wurden 17 friedlich für das Selbstbestimmungsrecht demonstrierende Sudetendeutsche von tschechischen Soldaten erschossen.

249 MÄHRISCH NEUSTADT wurde von König Ottokar I. 1213 als »Nova Civitas« gegründet. Im 14. Jahrhundert war die Stadt wegen ihrer Befestigungsanlage eine der wehrhaftesten Städte Nordmährens; 1424 hielt sie sogar den Hussiten stand. Auf dem Marktplatz begegnen wir der von G. A. Heinz 1729–1743 errichteten 22m hohen barocken Mariensäule, die als die schönste in Mähren gilt. Zu den Sehenswürdigkeiten der Stadt gehört die Pfarrkirche aus dem 14. Jahrhundert. Bis zur Vertreibung der deutschen Bevölkerung waren hier zwei Klöster der Minoriten und Klarissen.

250 Auf dem Marktplatz der von dem Olmützer Bischof gegründeten Stadt MÜGLITZ an der March finden wir eine figurenreiche Mariensäule. Sie wurde 1716/17 zum Dank für die Überwindung der Pest errichtet. Die barocke Säule, umrahmt von vier Kugellinden, trägt die Himmelskönigin, die auf dem linken Arm ihr göttliches Kind hält, während die Rechte ein Zepter, das Sinnbild der Macht, umfaßt. Den figuralen Schmuck bilden die Pestpatrone Borromäus, Rochus, Sebastian und Xaverius. Hier, nahe der Sprachgrenze, konnte sich das Deutschtum bis 1945 behaupten.

251 Die Burg BUSAU in Nordmähren entstand aus einer alten Befestigungsanlage aus dem 13. Jahrhundert. Ihr heutiges Aussehen verdankt sie einer um die Jahrhundertwende erfolgten historisierenden Umgestaltung durch den Münchner Baumeister Georg Hauberrisser, der im Auftrag der damaligen Hoch- und Deutschmeister die Burg im gotischen Stil restaurieren ließ. 1696 war Busau in den Besitz des Deutschen Ritterordens gekommen, der hier ein Ordenshospiz unterhielt, das als Zeremonialschloß des Deutschen Ordens diente. Heute dient die Burg als Schulungsstätte.

252 An der Eisenbahnstrecke von Brünn über Böhmisch Trübau nach Prag liegt die Stadt BRÜSAU. Ende des 13. Jahrhunderts war sie als Markt bekannt; vermutlich ist sie von Bischof Theoderich von Neuhaus gegründet worden. 1497 erteilte König Wladislaus das Recht auf Abhaltung eines Jahrmarktes. Auf Grund ihrer günstigen Verkehrslage entwickelte sich die Siedlung rasch. Tuchmachereien und Webereien schufen im 16. Jahrhundert Wohlstand. Eine gotische, zu Anfang des 18. Jahrhunderts barockisierte Kirche und einige alte Bürgerhäuser erinnern uns noch an diese Zeit.

253 Die altertümlichen Laubengänge und Renaissancehäuser zu beiden Seiten des Marktplatzes in ZWITTAU gehören zu den eindrucksvollsten im Lande. Die Stadt, die an einer wichtigen Verkehrsstraße von Prag nach Olmütz liegt, hat ihren langgezogenen Grundriß bis heute erhalten. Seit Beginn des 16. Jahrhunderts finden wir hier Weberzünfte, später Tuch- und Baumwollindustrie. Trotz seiner Befestigungen, von denen noch ein Wehrturm erhalten blieb, war Zwittau nicht von Kriegszeiten verschont geblieben, auch nicht von der Pest, an die eine Pestsäule am Marktplatz erinnert.

254 Auf dem weiträumigen Marktplatz der ostböhmischen Stadt LANDSKRON im Schönhengstgau überragt der wuchtige, von einer barocken Zwiebelkuppel gekrönte Turm des 1581/82 im Renaissancestil erbauten doppelgiebeligen Rathauses die alten Bürgerhäuser mit ihren Lauben, Galerien und Giebeln beträchtlich. Zwei Renaissanceportale mit malerisch-kunstvoller Diamantenquaderung und das Wappen der Stadt und ihrer Besitzer zieren das Gebäude. Von der Stadtbefestigung, zur Hussitenzeit angelegt und Ende des 18. Jahrhunderts abgebrochen, ist dagegen kaum etwas erhalten.

255 Das Schloß MÄHRISCH TRÜBAU gehört zu den frühesten Baudenkmälern der Renaissance in Mähren. Aus einer Burg des 13. Jahrhunderts wurde das Schloß erstmals Ende des 15. Jahrhunderts umgestaltet. In den Jahren 1611 bis 1618 baute dann Giovanni Mottala de Bonnamone unter dem kunstsinnigen Grundherrn Ladislaus Wilhelm von Zierotin im Bereich der Vorburg das heutige Spätrenaissance-Schloß mit seinen prächtigen Arkaden. Die kunstsinnigen Besitzer der Herrschaft, Boskowitz, Zierotin und Liechtenstein, haben sich um Mährisch Trübau verdient gemacht.

256 Die prächtigen Bürgerhäuser von Mährisch Trübau zeugen vom Reichtum der Handwerker und Tuchmacher dieser Stadt im Schönhengstgau. Das HAUS Nr. 23 der Familie Klotzmann, die schon 1410 in der Stadt ansässig war und von Kaiser Maximilian II. geadelt wurde, erhielt im Jahr 1589 beim Umbau einen Erker. Getragen wird er von einem kegelförmigen Sockel, der auf einem mit plastischem Schmuck verzierten Stein aufsitzt, die drei Fenster werden von drei schlanken jonischen Säulen umgrenzt. Das Relief trägt die Wappen des Ladislaus von Zierotin, des Hausbesitzers Reiner von Putzing und seiner Ehefrau Martha Klotzmann. Die Trübauer Bürgerhäuser, die aus der Zeit der Boskowitz und Zierotin stammen, können als charakteristisch für den Zeitstil gelten; sie sind zum Teil noch im spätgotischen Stil erbaut, aber durch den Formenreichtum der Renaissance geprägt.

257 Der Blick über den Schloßteich zeigt die Silhouette der Stadt HOHENSTADT mit der Pfarrkirche aus dem 18. Jahrhundert und den Schornsteinen einer großen Seidenfabrik. Im Vordergrund die Bahnlinie der Hauptstrecke Prag – Oderberg, die Hohenstadt in der zweiten Hälfte des 19. Jahrhunderts an die modernen Verkehrsverbindungen anschloß und zu ihrem wirtschaftlichen Aufschwung beitrug. Zahlreiche Betriebe, vor allem der Textilindustrie, hatten ihren Sitz in der Stadt, um deren nationalen Besitzstand das Deutschtum Nordmährens stets einen harten Kampf führte.

258 Auf dem hochgelegenen MARKTPLATZ der Stadt Hohenstadt steht eine barocke Mariensäule; sie wurde als Pestsäule im Jahre 1713 von dem Olmützer Steinmetz Wenzel Render und dem Bildhauer Johannes Stürmer aus Zwittau im Auftrag des herrschaftlichen Brauers Karl Josef Post errichtet. Allein 48 brauberechtigte Häuser zählte einst die Stadt, die im Schutz einer spätgotischen Burg erbaut wurde, an deren Stelle 1727 das Hohenstädter Schloß trat. Neben dem Rathaus finden wir an der rechten Bildseite einen alten Wasserkasten der aus dem Jahre 1829 stammenden Wasserleitung.

259 Von der Schwedensäule, die an die Schrecken des Dreißigjährigen Krieges erinnert, geht der Blick über die Stadt MÄHRISCH SCHÖNBERG gegen Osten, zu den Ausläufern des Hohen Gesenkes mit dem Haidstein. Als wichtiger Stapelplatz an der alten Handelsstraße von Süden nach Polen gelegen, verdankt die bereits im 13. Jh. befestigte Stadt ihre frühe Blüte dem Olmützer Bischof von Schaumburg. Sie wechselte mehrmals den Besitzer und wurde 1669 durch einen Brand zerstört. Seit Ende des 19. Jh. hatten sich viele Industriebetriebe, vorwiegend Textilindustrie, angesiedelt.

260 Dem reichen Goldvorkommen im 13. Jahrhundert verdankt GOLDENSTEIN seinen Namen. Unter den Luxemburgern, die Bergleute und Knappen beriefen, entwickelte sich rasch der Bergbau. Die Bergwerkssiedlung hatte seit Mitte des 16. Jahrhunderts Stadtrechte. Aus dieser Zeit stammt das Rathaus mit seinem markanten Turm. Die Michaelskirche im Bildmittelpunkt vor den aufsteigenden Wäldern der Hochschar im Altvatergebirge (1251 Meter) wurde Anfang des 17. Jahrhunderts errichtet. Wenn auch der Goldabbau versiegte, blieb doch der Graphitbergbau ergiebig.

261 Unter den Landesherren, den Grafen von Zierotin, wurde SCHLOSS GROSS ULLERSDORF 1285 erbaut, unter Peter von Zierotin Ende des 16. Jahrhunderts zu seinem heutigen Aussehen im italienischen Renaissancestil mit luftigen Arkaden umgestaltet. Die Wirkung der warmen Schwefelquellen von Groß Ullersdorf war schon seit dem Mittelalter bekannt. Das Schloß war 1678–1711 Schauplatz der berüchtigten Hexenprozesse. 1802 kam es in den Besitz des Hauses Liechtenstein. Franz Grillparzer empfing hier als Bibliothekar und Hofmeister Eindrücke für »Die Ahnfrau«.

262 Im wildromantischen Mertatal unweit von Zöptau liegt die Gemeinde WERMSDORF. Bis 1648 wurden hier Eisenerze und Gold geschürft. Die kleine Gemeinde besteht erst seit jüngerer Zeit; sie war ein Ausgangspunkt für Touren und Wanderungen zur Hohen Heide. Unter der Herrschaft der Brüder Klein, der Herren von Wiesenberg, entwickelten sich die Forstwirtschaft und in ihrem Gefolge das Jagdwesen, das im nahen „Franzens Jagdhaus“ einen beliebten Stützpunkt hatte. Ein Anziehungspunkt für alle Tierfreunde war im Winter die Hirschfütterung im Gemeindeteil Siebenhöfen.

263 Die Krippenkunst in Mähren hat eine reiche Tradition, innerhalb derer Olmütz, Bischofssitz seit 1063, eine herausragende Stellung einnimmt. Berichtet doch der Chronist von dem Begehen des Weihnachtsfestes, von einem Weihnachts-Dialog aus dem Jahr 1566. Hierbei wurde bereits eine Wiege oder Krippe aufgestellt. In Olmütz entfaltete sich die Krippentradition durch die Jesuiten zu hoher Blüte. Die Ausgestaltung der Geburt Christi begann immer reichere Formen anzunehmen, insbesondere im Barock und Rokoko. Von Olmütz aus wurde die Krippenkunst in ganz Mähren und Sudetenschlesien, aber auch im preußischen Schlesien und in Ostböhmen beeinflußt. Ein herber Rückschlag für die Krippenkunst und Krippenverehrung bedeutete das Verbot Kaiser Josephs II. vom Jahre 1782, in den Kirchen Krippen aufzustellen. Die in der Olmützer Kapuziner-Kirche gezeigte Krippe stammt aus der Blütezeit der mährischen Krippenkunst; das Detail der Geburtsstätte mit den ausdrucksstarken Figuren weist auf die hohe Individualität der künstlerischen Aussage hin.

264 Die tiefverschneite Winterlandschaft des Altvatergebirges mit dem Kirchlein am Heidebrünnel vor dem Hintergrund des 1421 m hohen Kepernik erinnert uns an vergangene Zeiten. Nach der Sage soll einem Förster, der an der Quelle einen erlegten Hirsch auswaiden wollte, das Tier, plötzlich wiedergenesen, entsprungen sein. Das Wallfahrtskirchlein bedeutete den Nordmährern und Schlesiern die Heimat schlechthin. Die letzte Holzkirche hatte der Wiener Architekt Franz Seidl 1927 errichtet; 1945 wurde es von einem Blitzschlag eingeäschert, als ob es nach der Vertreibung der Deutschen überflüssig wäre.